Q&A エッセイ集

ひろのぶ先生が
伝え続けている生きる力がわく話

～相談室に来てくれた
50人の悩める学生たちへ～

学生支援相談員
平田　ひろのぶ

【はじめに】

「僕にはどこにも居場所がない」――その言葉を涙ながらに語る学生に、僕はいつもこう答える。「大丈夫だよ！ 君の居場所あるから…僕が居場所になるから」と。

毎日、僕は大学にある学生支援センターで若者の相談を受けています。大学生の彼らは様々な相談を僕にしてくれます。就職相談、恋愛相談、家族関係、対人トラブル、など、そんな若者に大人たちはよく言うんです。

「今どきの若者は…」って。

僕は25年以上、学生たちと話をしてきました。そんな僕から言わせて欲しい。今の若者も僕らが学生だった頃と全く変わらないって。だから、今の若者に「今どきの若者は…」なんてレッテルを貼らないで欲しい。あの頃、僕らだっていろんな事に悩んでいたでしょ。彼らだって同じです。ただ、今の若者とあの頃の僕らの大きな違い…それは「居場所」があるか、ないか。彼らは僕に泣きながら言うんです。「どこにも居場所がない」って。本来なら安らげる居場所になるはずの家庭や学校が彼らの「居場所」になれていないんです。心の交流がない。素直な気持ちが話せない。愛想笑いで生きている。…そこに彼らは「孤独」を感じてしまいます。「自分には価値なんかない」って信じ込み、やがて沼に沈んでしまうのです。

若者の自殺が社会問題になって久しい。皆さんも若者の一番多い死因が「自殺」だとご存じかもしれません。ワイドショーや週刊誌でもよく話題になる若者の自殺。厚生労働省の「自殺対策白書」には自殺の原因まで書いてあります。若者の自殺の原因で一番多いもの、それは「家庭問題」や「健康問題」ではなく「学校問題」なのです。「学校問題」がなんと原因全体の４割を占めているんです。

僕はその最前線に立っています。僕の役目は「どこにも居場所がない」という若者に「大丈夫！君の居場所はある」と伝え「俺には価値がない」という若者に「君は僕の宝物だ」と伝え続ける事です。

今年（２０２４年）文部科学省から文部科学大臣名で児童・生徒・学生・保護者・学校関係者にメッセージが出ました。それは若者の自殺者が近年、増加傾向にある事を憂慮してのメッセージでした。そこには【児童生徒等の態度に現れる微妙なサインに注意を払っていただき、不安や悩みの声に耳を傾けて適切に受け止めていただくとともに（中略）不安や悩みを抱える児童生徒等が孤立することのないよう、地域全体で支援していただきますようお願いいたします】と書いてありました。

そんな事、言われなくたって僕たち大人は分かっていますよね。そうしてあげたいって気持ちは持っているんです。でも、不安や悩みを抱える若者達は孤立している事

【はじめに】

を隠すのです。微妙なサインだって、出さないようにしているんです。若者たちは大人たちに心配をかけないようにしているんです。また、残念ながら、その裏には大人を信用していないって気持ちもあると思います。不安や悩みに耳を傾けて適切に受け止めてくれるなんて思えていないんです。だって、これまで「忙しい」と言い訳をして、彼らの声を聴かなかったでしょ。いつも「忙しい」と言って逃げる大人を若者は信じられないんです。だから、若者は思っちゃうんです。「どこにも居場所がない」って。

この【ひろのぶ先生が伝え続ける生きる力がわく話～相談室に来てくれた50人の悩める学生たちへ～】は僕が長年、学生支援センターで学生たちとの相談業務をしてきた経験から、若者たちに向き合い、彼らに伝え続けてきたお話のエッセンスをまとめたものです。本書は5つの章に分かれています。

【第一章：元気になる言葉を探している君に…】
【第二章：将来に不安を感じている君に…】
【第三章：目標や夢を失っている君に…】
【第四章：苦しくて助けてもらいたい君に…】
【第五章：前向きな「なるほど」が必要な君に…】

このエッセイ集を手にとった「誰かに相談したい君」は、まず、その章ごとの目次を見てください。ほら！　君と同じ悩みを抱えている人の事が書かれているでしょ。その後に続く「Q＆A」。そして、エッセイに君は「生きる力がわくヒント」を見つける事ができるはずです。

この中に君の心に響く言葉たちを見つけて欲しい。そして、何かにつまずいた時にはそれを何度でも読み返してもらいたい。読むのがしんどいなぁ〜と思った時にはエッセイの後についている「二次元バーコード」から動画視聴して欲しい。ここにある動画はこの本の「二次元バーコード」からしか視聴できない限定公開になっています。「どこにも居場所がない」って思ってしまっている君へ。君だけじゃない！　君は独りじゃない。みんながいます。「居場所」がないって思って誰にも相談できなくても、このエッセイ集を開いてみて欲しい。君と同じ悩みを持った若者が君の代わりに僕に相談しているから。僕が伝え続けてきた言葉たちを読んでみて欲しい。生きる力がわくヒントがどんどん出てくるから。「大丈夫！　君の居場所あるから」。

この本を手に取った優しい大人の皆さん。今の若者って「わからない」と思っていませんか？　でも「わからない事」なんて本当はないんです。だって、彼らは僕らの若い頃と同じなんですから。でも、コミュニケーションをとっていないと怖いですよね。話をしても本心で話してくれているのかわからない。居場所になってあげたくて

【はじめに】

も、どうやって声をかけていいのかわからない。文部科学大臣が「不安や悩みに耳を傾けて適切に受け止めてあげて欲しい」って言ったって、どうしたらいいかわからない。このエッセイ集には典型的な若者の相談を厳選して「Q＆A」として掲載させてもらいました。また、僕が長年の学生相談で学生に伝え続けている珠玉のエッセイも掲載しています。

僕が若者たちに伝えてきた想いに触れてみてください。きっと、あの頃の自分と同じ悩みを抱えている彼らの姿が見えてくるはずです。僕の Answer は彼らの意見をまず受け入れているものが多いです。あの頃「悩んでいたあなた」も心から安心して相談できる人がいたら…って思いますよね。このエッセイ集に興味を持ってくれたあなたなら出来ます。この「エッセイ集」を読めば、あなた自身が誰かにとっての「居場所」になれる勇気がわいてくるはずです。

学生支援センターでの日々は、厳しさと感動が交錯する、心の揺れ動く瞬間の連続です。若者たちが抱える問題は実に複雑で、簡単に解決策が見つからない事も多々あります。そこで僕は、彼らと一緒に悩み、共に考え、喜びを分かち合い続けてきました。その一瞬一瞬が、僕自身をも成長させてくれました。彼らの孤独、苦しみ、不安…胸に渦巻く感情は、僕自身の心に深く突き刺さります。

それは、かつて僕が抱えた痛みと重なり合うから。若者たちの言葉の中に、過去の自分を見つけ、それを強く感じた僕は彼らの思いを無視する事なんてできませんでした。かつての僕と同じように、彼らが感じる孤独や不安は、一人で耐えきれるほど軽いものではないのです。僕は彼らにとっての「居場所」でありたいと、強く願い続けています。だからこそ「大丈夫！　君の居場所あるから」を何度も彼らに伝えてきたのです。

そして今、このエッセイ集を手に取ってくださった皆さんにも、僕は同じ願いを込めています。僕の言葉が、あなたの心に寄り添い、心の安らぎや励ましとなる事を願っています。このエッセイ集は、僕が学生たちと共に歩んできた軌跡であり、彼らとの対話を通して見つけた「居場所」のかけらです。この言葉たちが、あなたの心にそっと寄り添い、希望と安心をもたらす助けとなりますように…誰かの「居場所」になれる事を、心から願って。さぁ！ページを開いて一緒に50人の悩める若者の相談を受けましょう。

２０２４年12月26日

平田　ひろのぶ

もくじ

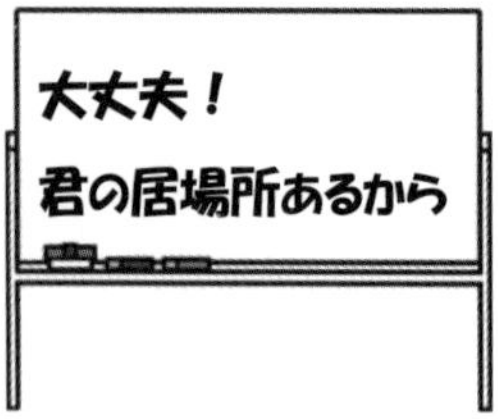
大丈夫！
君の居場所あるから

第一章

【元気になる言葉を探している君に…】

１－１．【嫌な事が起こるとすぐに不機嫌になってしまう学生】

Q：毎朝「今日も頑張ろう！」と思って起きるんです。でも、いつも決まって、その後に嫌な事が起こるんだよなぁ～。そうなると、その嫌な事に気持ちが引きずられちゃって、その日はずっと不機嫌になっちゃうんです。こんなモヤモヤを吹き飛ばす方法とかないですかね？

A：「頑張ろう」って思っても、嫌な事が起こる事あるよね。そういう事があると気持ちが引きずられちゃうんだね。わかるなぁ～。僕も元気になれる「おまじない」を知るまではそんな感じだったよ。聴いてみる？ 何があっても不機嫌にならない「おまじない」…

「朝のおまじない」

オリンピックなどでアスリートたちは試合前に、気持ちを上げる音楽を聴いて、良いイメージをするとよく聞く。それによって、最高のパフォーマンスを引き出す。最近、僕は「予祝（よしゅく）」という言葉もよく聞く。これからの願い事を、まるで叶った事のように祝ってしまう。まさに「前祝い」。それをする事でホントに「願い」が近付いてくる。それが「言霊」の力。人を動かすイマジネーション効果だと思う。

また、僕が尊敬する「講演家：古市佳央さん」は以前、朝の配信をしている時に「さぁ！今日も奇跡の1日の始まりだ！と言って両手を高くあげてみてください」と教えてくれた。

言葉や体が思った方向に「自分の思い」を連れていってくれる。面白い事があるから笑うんじゃなくて笑っていると楽しくなるんだ。でも、逆にささいな嫌な事で気分が落ち込んでしまう事もある。朝起きたら「頭が痛い」とか。外に出たら「雨が降ってきた」とか。どうしようもなく起きてしまう嫌な事に気持ちが引っ張られてしまう事もある。最近、僕はそんな事が起こっても大丈夫なように心で思う「おまじない」がある。

それが【今日！僕は幸せになります！何が起きたとしても、今日！僕は絶対！幸せになります！】だ。これがいいのは「不幸」をも予見している事。「何が起こったとしても！」の思いはトラブルがあっても大丈夫！と安心感を与えてくれる。

そして、寝る前に【今日もいろんな事があったけど、幸せだった】と感謝する。「幸せ」は自分だけの「こころの評価」。これがまたいい。誰かと比べるわけでもない。自分が「幸せだった」と思えたら、誰にも何も言わせない。

だから「朝、今日は何があっても僕は幸せになる！」って決めちゃうんだ。すごくいい。さぁ！今から僕が皆さんに伝えます！【皆さんは絶対！幸せになります！何が起きたとしても今日！絶対！幸せになります！】ほら！どうですか？

1-2.【何をしても迷惑ばかりかけてしまう学生】

Q：何をしてもうまくいかなくて、みんなに迷惑ばかりかけちゃうんです。ここまでくると僕は生きていること自体がみんなの迷惑なんじゃないかと思う程です。そんな自分がイヤでイヤで。こんな僕はどういう考え方をしたらいいんでしょうか？

A：僕も同じだよ。子どもの頃、親からは「人様に迷惑だけはかけるな」ってよく言われたのにムチャクチャ迷惑をかけちゃう。でもサ、この前「インドの教え」ってのを聞いたんだ。これからの時代「個性の尊重」が重要で、そのためには「インドの教え」が必要だって思ったね。

「人様に迷惑をかけて生きる」

「人様に迷惑をかけなければ何をしてもいい！」って親に言われた事がある。

僕もそうは思うがこれがなかなか難しい。朝、歯磨きをしている時「どいて！急いでるんだから」なんて言われる。通勤の時、車の運転でも「割り込んじゃったなぁ～」とか。

職場でも「忙しいからこの仕事は後回し！」とか。僕はいろんな人に迷惑をかけて生きている。ここまで来ると「生きている事」って「迷惑をかける事」なんじゃないかって思えてくる程だ。

僕は以前、エッセイで【「やっちゃえ！の人」の周りには「我慢の人」がいて「やっちゃえ！の人」が面白い！と思える環境が成立している】と書いた。つまり「やっちゃえ！の人」は「我慢の人」に迷惑をかけてイノベーションを起こしているのだ。という事は「迷惑」をかけないと人間の発展もないのでは？とも思える。これを解決するためにはどうしたらいいのか？「これが難しいんだよなぁ～」と思っている時に僕は「インドの教え」っていうのを聴いた。インドでは『あなたは人に迷惑をかけて生きているのだから、人の事も許してあげなさい』と教えるのだそうだ。これはすごくいい。僕は【「誰かのために我慢する事」は「素晴らしい」という思いが見直される日は来るのだろうか？】と考えた事がある。つまり【「誰かのために我慢する事」が「素晴らしい」と思える】というのが「許す」って事なんじゃないか？

誰もが自然と誰かに迷惑をかけてしまう。これって、仕方のない事で、当たり前の事なんだ。だからこそ、大切なのは「人からの迷惑を許す事」。「オンリーワン」や「ありのまま」で個性を尊重するためには、まず「人を許す事」を伝えるのが重要。

ふと、テレビをつける。必ずワイドショーの司会者が誰かを批判している。それを見てみんなが喜んでいる。これじゃ「相手を許す教育」が出来るハズがない。皆さんの周りには「人の失敗をことさら強調する人」っていませんか？「ダイバーシティ」「個性の尊重」を進めるためには、まずそこを見直すべきだと僕は強く思っている。

1－3．【工学部なのにシナリオライターになりたい学生】

Q：僕はシナリオライターになりたいんです。でも、親に相談したら「工学部の大学院まで来ていて今更、シナリオライターなんてやめてくれ！」って言うんです。あ〜〜〜困った。僕はどうしたらいいでしょうか？

A：きっと親御さんは君の将来を考えて反対しているんだね。でも、君はシナリオライターになりたいんでしょ？　だったらいいじゃん！　夢を目指そうよ。僕は就職支援の仕事を長年やっているんだ。そんな僕がいるんだから、自分の夢を目指せばいいよ。だってサ…

「シナリオライターになりたい」

僕が小学5年生の頃、卒業式で6年生がオフコースの「さよなら」という曲を歌った。その影響か「卒業シーズン」になると僕は「さよなら」を思い出す。

今、僕は大学で学生支援の仕事をしている。今年も就職をせずに卒業をする学生がいる。僕は彼に就職をせずに卒業をして、これからどうするのか？と何度もたずねた。始めは何も言わなかった彼も最後は「シナリオライターになりたい」と夢を語りだした。僕は正直、驚いた。彼は工学部の学生だったのだ。それがエンジニアになる道を捨て、シナリオライターになりたいというのだ。僕は大学生時代、小学校の先生になろうと勉強をしていた。そんな僕も在学中に本気で舞台役者になりたい！と思っていた時期があった。結局、オーディションに受からなかったのだが…。そんな僕は彼に「わかった！」と言った。そして、その後、彼と「約束」をした。「少なくとも半年に1回は僕に連絡をしてくるように」と。うまくいっている時じゃない、うまくいっていない時にこそ、連絡をしてこい！と伝えた。僕は彼の「夢」を精一杯！応援してあげたい。そして、どうしても、ダメだった時、その時はまた一緒に就職活動をしようと思っている。僕は彼をいつまでも見捨てやしない。だから、みんなが歩んでいく「決められた道」じゃなく、自分が選んだ「夢の道」で思いっ切り勝負してみたらいい。「さよなら」を歌ったオフコースの小田和正さんは有名大学の工学部出身だと知っている人も多いだろう。大学院を修了する頃には「音楽の道」を決めていたという。

グループの「オフコース」って「もちろん」じゃないって知っているだろうか？「ＯＦ」じゃなくて「ＯＦＦ」なんだ。英語で書くと「OFF COURSE（コースを外れる）」。大学を卒業して「夢を追いかけるなんて」という人がいるかもしれない。でも、僕は逆だと思っている。大学を卒業しているからこそコースを外れて夢にチャレンジする事ができる。

さぁ、決めたのなら精一杯やってこい！僕はずっと見守っていくよ。

思いっ切りやって来い！卒業したって、僕は彼に「さよなら」なんて言わない。

1-4.【嫌な事ばかり起こるのを不思議がっている学生】

Q：この前教えてもらった「朝のおまじない」やっています。ありがとうございました。嫌な事が起こっても大丈夫って思えるようになりました。でもやっぱり、僕には「嫌な事」ばかり起こるんです。どうしてですかね？　自分ではどうしようもない事なんでしょうか？

A：心の箱に「イイ玉」と「ワル玉」がしまわれるって知ってる？　君の心の箱には「ワル玉」がどんどん入ってきちゃうって感じなんだろうね。きっと、君は「勝手に「ワル玉」が入って来ちゃう」と思っているんでしょ。でもね。それを「イイ玉」にする方法があるんだよ。

「心の箱に入れる玉は…」

人の心に「イイ玉」と「ワル玉」を入れる箱がある。

入る個数は決まっているのだが「イイ玉」が入ると「ワル玉」が出ていく。「ワル玉」が入ってくると「イイ玉」が出ていく。というルールがある。

朝、お母さんに「挨拶くらいちゃんとしなさい！」と、怒られた。気分が悪い。そう思ったら「ワル玉」が入り「イイ玉」が出ていく。学校で「ハイ！」と返事をしたら「元気がいい！」ってほめられた。嬉しかった。「イイ玉」が入って来て「ワル玉」が出ていく。

日々の様々な出来事で「イイ玉」と「ワル玉」の個数が減ったり増えたりする。そして「心の箱」が「イイ玉」で満たされれば「幸福感」や「達成感」を得る事ができる。「ワル玉」ばかりだと「劣等感」や「罪悪感」が生まれる。

ここまで聴くと、その日「会った人」や「かけられた言葉」で「心の箱」の要素って変わっちゃうよな〜って思う。でも、それが違う。

今回の「エッセイ」、ここからがポイントだ。

朝、お母さんから「挨拶くらいちゃんとしなさい！」って言われた時「そうか！挨拶をした方がみんな気持ちいいもんな」って思えたら、入ってくるのは「イイ玉」。

「ハイ！」と返事をしたくらいで「ほめる」なんて、あいつ、俺の事をバカにしている！と思ったら入ってくるのは「ワル玉」。つまり、入ってくるのが「イイ玉」か「ワル玉」かを決めているのは「与える側」ではなく「受け取る側」だって事が重要だ。

　どんな状況であっても、どんな言葉を言われても、それを「イイ玉」として「心の箱」に格納できれば「ワル玉」は出ていく。そして「イイ玉」で「心の箱」が満たされれば「幸福感」や「達成感」が生まれる。

　さぁ！皆さん！今回の「エッセイ」を読んで「ワ〜、いい事知った！」って思ったあなたは「イイ玉」プラス！「くだらねぇ〜事、言ってるなぁ〜」って思ったら「ワル玉」が増えちゃいますよ。さぁどうですか？（笑）

1－5．【意味のない事をしていると思ってしまう学生】

Q：頑張ろうと思っても、自分のやっている事に意味を感じなくて、一歩が踏み出せないんです。親を喜ばすためにこんな事をしているのなら、もうこんな事はしたくないんです。やっている意味がわからなくていろいろ「しょうがない」ってあきらめたくなるんです。

A：これを何のためにやっているのか？　やる意味があるのか？　そう思えてしまったら頑張れない気持ち、わかるなぁ〜。それで「しょうがない」っていつもあきらめていたら、もっと前には進めないよね。月に二番目にいった宇宙飛行士の気持ちってどんなんだったんだろうね？

「この小さな私の一歩は…」

僕は夜空を見上げるのが好きだ。星を見上げるのは「星を見る時」、月を見上げるのは「自分の心を見る時」。人類初月面着陸をしたアポロ11号のアームストロング船長が言った名言「One small step for a man, one giant leap for mankind.」「Leap」は「飛躍」と訳す場合が多いが、やっぱりここでは「一歩」と訳したい。「この小さな私の一歩は、人類にとって、偉大な一歩なのだ！」と。

あるコメディアンが言っていた。

「二番目に月に立った人はきっと、こう言っただろう。

【この私の一歩は、人類にとっては、もう、小さな一歩だが、私にとっては、偉大な一歩なのだ】」と。

それを聞いて、みんな笑っていた。僕のいる学生支援センターに来る若者は「しょうがない」という言葉をよく使う。僕自身も「しょうがない」とすべての行動をあきらめていた時期があった。誰の人生も後悔は少ない方がいい。でも「しょうがない」とあきらめたら、必ず後悔がついてくる。まず、「月に行きたい！」と思った人がいて、でも、「しょうがない」とあきらめたら、月へ行くという夢のような話はきっと、そのまま夢で終わっていただろう。

無理だと思える事でもあきらめなければ、いつか、叶う日がくる。だって、人類はあのお月様に立ったのだから。

誰でも、闇の部分に足を踏み入れるのは恐い。そこには泥の河が流れているかもしれない。大きな穴があるのかもしれないし、冷たい風が吹いているのかもしれない。だから、本当に恐い。でも、そこまで行かなくちゃ、きっと、何も始まらない。それが大切な事だったら、勇気を出して闇に飛び込んでみなくっちゃ。

「しょうがない」とあきらめたら、必ず後悔がついてくる。だから、その恐怖心を断ち切るために、言うんだ。

「この一歩は僕にとって偉大な一歩だ！」と。

「誰のためでもない。自分にとって偉大な一歩なのだ！」と。

それで、いいじゃないか。

1－6．【運のいい奴がうらやましい！と言っている学生】

Q：僕は「運」が悪いんです。「運」がいい奴っていいですよね。自分じゃ何も努力しないのに、いろんな事がうまくいっちゃうんだから。僕なんて「宝くじ」だって「下ケタ賞」しか当たった事がないんです。運命を恨みますよ。

A：「運」がいい人って全く努力をしてないのかな？　僕は「下ケタ賞」も当たった事がないんだよ。だって、宝くじを買った事がないから（笑）でも実はサ、僕は宝くじの一等が必ず当たる方法を知っているんだ。知りたい？

「宝くじを当てる方法」

僕にとって「運がいい人」の代名詞は「宝くじ」が当たる人。当たる確率を少しでも上げようと、よく当たる売り場の行列に並んだり、買った宝くじを神棚に置いたりする人もいるらしい。でも、ホントはそんな「ジンクス」や「神頼み」で当たる可能性が高まらない事は誰でも知っている。僕は「宝くじ」を買ってもいないのに「宝くじ当たらないかなぁ〜」なんて言って「そりゃ、買ってないんだもん。当たるわけないじゃん」と笑われる。僕がどんなに「運がいい人」だったとしても「宝くじ」を買っていなかったら当たるハズはない。逆に考えれば、どうしても当てたいのなら宝くじをすべて買い占めればいい。そうすれば絶対に当たる。そうなると「運がいい」というわけではなくなる。そんなの当たり前じゃん！と思う人も多いだろう。

でも、「運がいい」とか「運が悪い」とかはきっと、そういう事なんじゃないだろうか？ 今回の「エッセイ」何が言いたいのか？ ボーッとしながら「俺って運が悪いよなぁ〜」って思っている人はボーッとしているから「運が悪い」んだ。

つまり、きっと「宝くじ」の1枚1枚を「チャレンジ」の数だと思えば考えやすい。「宝くじ」を1枚も買ってないって事は「チャレンジ」を一回もしてないって事。当たるハズもないし、成功するハズもない。「宝くじ」を買う枚数を増やせば増やすほど、つまり、チャレンジする回数を増やせば増やすほど「当たる」可能性は高くなる。

成功した「運がいい人」は何度も繰り返しチャレンジをした人なんだと思う。「運が悪いなぁ〜」と思っている人が「運」を引き寄せるには「ジンクス」や「神頼み」ではなく「チャレンジ」の回数を増やす事が重要だ。「１００枚」買っても当たらなければ、「１０００枚」買ってみる。

それでも当たらなければ、買い占める程買ってみる。そうすれば絶対に当たる。きっと「宝くじ」の全体集計をしたら、当たっている「宝くじ」の枚数はその人の購入枚数に比例している。

「運がいい」という事の種明かしはきっと「チャレンジの回数」なんだと思う。

1-7.【夢が叶うなんて全く思えません！と言う学生】

Q：よくひろのぶ先生は「夢を叶えよう！」とかは言うけど、夢を叶えた人って「実力」を持っている人ですよね。僕には無理だと思うんです。何をすれば「夢」が叶えられるのか？なんてのがサッパリわからない。なんか必勝法みたいなのはないですかね？

A：人生に「必勝法」なんてないけど「夢」を叶えた人たちは共通した3つの事をしているって知ってる？　僕の「夢」は僕が書いている「エッセイ」を書籍にして出版する事なんだ。そのために、その共通する3つの事項を実行中さ！

君も一緒に夢を叶えようよ。

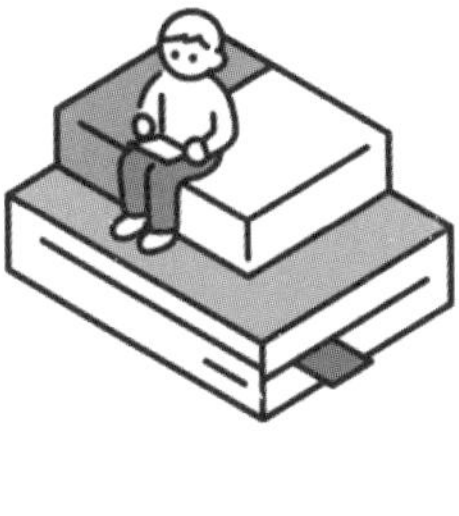

「夢を叶える方法」

先日、ある講演でこんな話を聴いた。

【皆さんは「夢」と聞いて何を思いますか？ 日本語の辞書で「夢」を引くと「寝ながらみるもの」と書いてあります。でも、英和辞典には「叶えるもの」って書いてあるんです】。

僕はかっこいい！と思って、自宅にあった「ジーニアス英和辞典」をひいた。そうしたら「1.（睡眠中の）夢」と書いてあった（笑）。ただ「3.」には「（心に描く）…したいという夢」となっていた（うちの「ジーニアス」を責めないでください）。

僕のいる学生支援センターには弱い学生、強い学生、いろんな学生がやって来る。弱い学生は共通して「あるモノ」を持っていない。それは「夢」。そして、強い学生は共通して「あるモノ」を持っている。それが「夢」だ。

「夢」が持つパワーってホントにすごい！と、僕はいつも思っている。今回はその「夢」を「叶える方法」を皆さんに伝えたいと思う。「夢」って言ってもいろんなモノがあるので「叶える方法」なんて何種類もあるんじゃないの？ 僕もそう思っていた。

ただ、ある人が多くの「夢を叶えた人達」の話を聴いて重要な「共通する3つの事項」に気が付いた！というのだ。その「3つ」を持っていれば、必ず「夢」が叶う。

１つ目！それは「夢を語る事」。恥ずかしがらずに、周りの人に、ＳＮＳなども利用して多くの人に「夢を語る事」。まず、それが第一歩目だ。

２つ目！次は「仲間を集める事」。やっぱり、独りでは夢は叶えられない。多くの人に「夢」を語って、共感してくれる人、同じ志を持っている人達を集める。そして、どんどん仲間を増やす。

最後の３つ目！それは「あきらめない事」。あきらめたら「夢」は叶わない。

夢を叶えた人達は全員、この「３つの事項」が共通していた。というのだ。さぁ！皆さんもこの３つを実践して「夢」を叶えていこう！夢は「寝ながらみるもの」ではなく「叶えるもの」なんだから！え？僕の夢？それは、この【エッセイ】を「書籍化」する事！さぁ皆さん！まずは「仲間」になってください（笑）

1-8.【授業にほとんど出ずにブラブラしている学生】

Q：ほとんど授業に出ていなかった科目なんだけど「試験前に過去問をパッとやったらテストで同じような問題が出て単位がとれちゃった。めっちゃラッキー」こんな感じで卒業できちゃったら最高ですよね。

A：それってホントにラッキーかな？　食べ放題ってこれ以上食べられないって程、食べちゃったりしない？　同じ料金なら食べないともったいないもんね。大学も同じ。学費を払っているのに教えてもらわないってもったいなくない？

「Time is money」って言葉、知ってる？

「Time is money」

「Time is money（時は金なり）」。「エ〜じゃあ、1日っていくらなの？」なんて質問したら「そういう意味じゃねぇ〜よ」と笑われそう。

が、そこをあえて考えてみたい。「寿命を1年だけ売ってください」と言われたら、いくらが妥当なのだろうか？　例えば、寝たきりになっちゃっていたら、1年であれば「タダ」でいいから短くしてください！と思っちゃう人がいるかもしれない。でも、自分の寿命があと1年しかなければ、どれだけお金を積まれても売れない！と思うだろう。そういう条件を無視するとしたら、いったい、いくらくらいの値がつくのだろうか？「年収」くらいは欲しいだろうか？自分の事を考えてみると、その金額で「1年」を売るのは惜しい。なぜなら、その1年で僕らは稼ぐだけでなく、いろんな事を経験する。稼ぐ「年収」をもらっても、それ以上に大切な「経験」が得られない。なので「年収分」では「1年」を売れない！では、それを考慮して「年収の3倍」ならどうだろうか？それなら「売る人」が出てくるかもしれない（当然、それでも売れないという人はいると思うが）。「お金」があれば「経験」の幅は広がる。1年を棒に振れば3年分の充実した「経験」が出来るかもしれない！という事になるのだ。

仮に年収500万円の人の寿命1年に「1500万円」の価値があったとする。するとそれは、１日４万円になる。授業にほとんど出ずにブラブラして「試験でカンニングしたら「単位」とれて「ラッキー」だったよ」という大学生。それはホントにラッキーだったのか？「お金を稼ぐ事」もせず「経験」もせず、ただ「時間」だけを浪費した状況。

朝、４万円の入場料を払った「今日ランド」で、何も見ず、何にも乗らず、ただ入り口付近で友達としゃべっていただけ。それで寝る前に「ラッキー」だったと思えるだろうか？もったいない。

誰でも知っている「Time is money」ということわざ。概念的に「時間を大切にしなきゃだなぁ～」なんて考えているとリアリティがない。「今の俺の１日はいくらだ！」と考え、その１日で自分は何が経験できたのか？と考えると「Time is money」がもっと光ってくるような気がする。

1-9.【いつも失敗を選んじゃう学生】

Q：どうしてみんなはうまくいくんですかね？　いつも僕はどっち？って時に「失敗」の方を選んじゃうんです。これまでもずっと、あっちを選べばよかったと後悔してばかりです。僕の日ごろの行いが悪いんですかね？　これが一生続くんでしょうか？

A：そっか、「失敗」の方を選んじゃってるって思っちゃうんだね。みんな、人生は分岐点の連続で出来ているって思いがちだよね。でもサ、僕は違うって思っているんだ。きっと人生って一本道で、僕たちはその一本道をひたすら歩いているんだよ。

「成功を図解してみた」

【皆さん！　まずは紙とペンを用意して、紙に英語の「Y」と書いてみてください。そして、手前に「自分」と書いてください。「Y」の左上に「成功」。そして右上に「失敗」と書きます】。

人生の分岐点。左にいくと「成功」。右にいくと「失敗」。人生にこんなイメージを持っている人が多いのではないだろうか？　僕はこのイメージがよくないと思っている。きっと人生はそうじゃないんだ。

【次に、縦に5個「失敗」という文字を書いてください。そして、その「失敗」を串刺しにする感じで、上から一本の縦線をひくんです。また、手前には「自分」と書いてください。そして、その縦線の一番上に「成功」と書くんです】。

成功への図解はこれだ。僕達の人生、2つの道を選ぶ事はできない。「右」も「左」もないんだ。僕達の前には長い一本道しかない。そして、その先にあるのはきっと「失敗」。「成功」はたくさんの「失敗」の先にしかないんだ。僕はこのイメージが大切だと思っている。目の前に続く1本道を僕達は一生懸命、ひたすらに歩き続ける。きっと、たくさんの「失敗」があるだろう。つらい思いもするだろう。でも、それを経験していく事でしか「成功」には近付けない。ただ「失敗」を経験して克服すれば、必ず「成功」は近付いている。

この図をイメージしながら、この名言を読むとより理解が深まる。

【「成功」の反対は「失敗」じゃない。なぜなら「失敗」は「成功」に向かっているから】

僕達の目の前には一本道しかないのだから「道」を間違える事はない。だから、僕らは進めばいい。【「成功」の反対は「あきらめ」。「あきらめ」たら絶対に「成功」には近付けない】。「失敗」を串刺しにしている一本道。その手前にいる「自分」。そこでジッとしていたら絶対「成功」は近付いてこない。

さぁ！まずはここから1歩、前に進む事が重要だ！

1-10・【人生を後悔したくないと言っている学生】

Q：将来の事を考えると怖くてたまりません。絶対このままでは僕は人生を後悔すると思うんです。この先の未来なんて分からないから… 今、何をしたらいいのか？ なんて誰にも分からないですよね。僕は後悔をしたくないんです。どうしたらいいんでしょうか？

A：将来どうなるか、なんて誰にも分からないもんね。そうなると今、何をしていいかわからない、と思っているんだね。確かにそうなっちゃうよね。でも、後悔をしたくないんでしょ？　であれば、今からでも「後悔をしない」いい方法があるよ。

「後悔しない生き方」

先日、人間力大学の理事長「大嶋啓介さん」の話を聴く事が出来た。大嶋さんは多くの高校野球部でメンタルトレーナーとして高校球児と接している。

ある高校球児が大嶋さんに「どうしたら、守備がうまくなりますか？」と質問をした。その時、彼はどう答えたか？

素人の僕が考えるには「ボールをよく見て」とか「腰を落として」なんて答えるのだと思った。が、彼の答えは全然違っていた。その答えは明快で僕でも効果があると確信できるものだった。皆さんは どう答えたと思いますか？

大嶋さんは言った。

「これが監督から受ける最後のノックだと思って今のノックを受けてみろ！」。今の1球1球を大切に味わいながら全力でノックを受ける。それが出来たら、必ず守備がうまくなる。全国講師オーディションでグランプリをとった「古市佳央さん」が、東北の被災地で聴いた話を先日、僕に教えてくれた。

その日、お母さんとケンカをして、朝「いってきます」も言わずに家を出てきた子がいた。そしてその日、震災が起きた。誰も予想なんてしていなかった。それから、その子は2度とお母さんに会う事はなかった。どうして、私は笑って「いってきます」が言えなかったのだろう。

その子はそれを「後悔をした」と言っていた。

今、僕が勤めている大学の学長がこんな話をしていた。「明日のために今日を使うなんて事はしないで欲しい」「今を一生懸命に生きていれば、きっと素敵な明日はやってくるから」。これらの話、共通するのは「今を大切に生きる」だ。いつ明日がなくなるかなんて誰にもわからない。「明日があるさ」を言うのは「今夜、寝る時」でいい。

それまでは精一杯「今を生きる！」僕はいつ「今」がなくなったとしても、後悔しない生き方をしていきたい！と思っている。

だから僕は今、そのために、この「エッセイ」を書いている。

第二章

【将来に不安を感じている君に…】

2-1.【頑張るのをやめるのが怖い学生】

Q：僕はこれまでずっと勉強を頑張ってやってきました。今はその事自体が辛くなって毎日追い込まれています。でも、勉強を止めちゃう事もできないんです。一度止めちゃうと二度と「やろう！」って思わなくなっちゃうんじゃないか？と不安で。どうしたらいいでしょうか？

A：やめちゃうと「次にまたやろう」と思っても出来なくなっちゃうんじゃないか？　と思うんだよね。それ！　ムチャクチャわかる。僕もそういうタイプだったから。でもね。【…歩き疲れたらお休み、休み疲れたなら、どうせまた走りたくなるさ】なんて歌があるんだよ。歩くのを止めてしまってもまた歩きたくなるさ！　だって歩くっていうのはね…

「歩き疲れたら」

僕は以前、自分のエッセイの中で「あきらめなければ、その試練は必ず乗り越えられる」と書いた。今でもそう思っている。

僕はさだまさしさんの曲が好きだ。さださんの曲は歌詞にストーリー性があり、聴くと物語を読んだような気分にさせてくれる。そのさださんに「立ち止まった素描画」という曲がある。そこに【走り疲れたらお歩き、歩き疲れたらお休み、やがて休み疲れたなら、どうせまた走りたくなるさ】という歌詞がある。僕は過去に「エッセイ」の中で【止まってしまったらゴールは近付かない】と書いている。

でも、そうか！「休み疲れたら、どうせまた走りたくなる」って考え方もあるんだ。つまり、それは「あきらめ」の定義の問題。止まってしまったら、そりゃゴールには近付けない。でも、また走り出せばいいじゃないか。止まっている時だって「あきらめない」って気持ちさえ持っていれば大丈夫！それが大切なんだ！じゃ、僕はどうして「止まったらダメだ」って思ってしまったんだろうか？それは「止まっちゃったらもう走れなくなるんじゃないか」というネガティブ思考からだ。

実際に考えてみる。僕は止まってしまったらホントにまた、すぐに走りたくなるのだろうか？で、ここで大切なのが「自分を信じる」って事なんだと思う。「きっと俺ならまた走り出す！」という自信。それがあるから止まれるんだ。自分を信じて、歩き疲れたら少しだけ止まってみたらいい。歩くっていう漢字は「自分を信じる事ができた人」がつくった文字なんだろうな…と思う。

だって、ほら！歩くっていう漢字、よ~く見てごらん。上下で分けたら「止まる少し」って書くんだよ。歩くという事は初めから「少し止まってしまう事」を想定しているんだね。「歩」が僕に「また走りたくなる自分を信じて、たまには止まったっていいんだよ」と言ってくれているような気がした。

2-2.【不安で身動きがとれなくなってしまう学生】

Q：僕は自分に自信がないんです。いつも不安で不安で。その思いに押しつぶされてしまうんです。そうなると不安に手足を縛られたようになって、身動きがとれなくなっちゃうんです。うずくまって泣きたくなるくらいです。こんな僕はどうしたらいいんでしょうか？

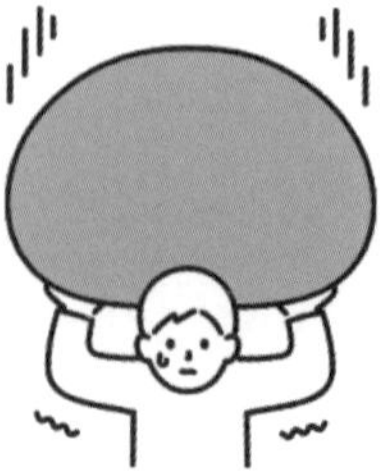

A：君は自信が持てないんだね。これまでやった事のない事をする時は誰でも自信なんてないよ。だから、不安が押し寄せてくるよね。じゃあ、今、うずくまっている君に「不安の弱点」を教えてあげよう！ なんと！「不安」ってモンスターは足が遅いんだ（笑）面白いでしょ。だからサ、こうすればいいんだよ。

「不安を突き放す方法」

僕のいる学生支援センターに「いつも不安…」と相談にくる学生がいる。同じところに立ち止まり「不安」にとり囲まれる。その場でジタバタして「不安」を蹴散らそうとするが「不安」はまとわりついてくる。ジッとうずくまり、ヒザを抱えて、泣いている。どうしていいかわからない。あなたもそんな事はないだろうか？　漠然とした「不安」に手や足をつかまれている感覚。

そんな時に僕は言う。「走ればいい！」と。

僕はジョギングが趣味だ。早く走るためにはフォームが大切。まずは目線。アゴをひいて前を向く。後ろを振り返ったり、キョロキョロしていたりしたら、スピードは絶対に上がらない。次は腕振り。うしろにグッグッと大きく引く意識で腕を振る！　それによって足が前に出る。体が前に進むんだ。「不安」が気になるのはわかる。しかし「勇気」を持って「不安」の方を向かない。

今、キミがやれる事を「前を向いて」探す。そして、そこに向かって精一杯、腕を振って、体を持っていく。さぁ！　走るんだ。

僕のところに「いつも自信がなくて不安…」と相談にくる学生がいる。

そんな彼らに僕は言う。

【いつも「不安」は僕たちの後ろにいる。それが怖くて、振り返りながら走っても、キミのペースは上がらない。そんなんじゃ「不安」に追い付かれてしまうのは当然さ。今、キミができる事。それは振り向かず、前を向く事！目標に向かって腕を大きく振って、全力で走る事！いいか！そのキミの全力に「不安」は絶対に追いつけない。前を向いて腕を振る事！それが「今ある不安」を突き放すベストな方法さ】と。

キミにならそれが出来る！と、僕は信じている。

2-3.【人に裏切られて見えるものが信じられない学生】

Q：この前、知っちゃったんです。いつも一緒にいて笑ってくれていた友達が、陰で私の悪口を言っていたんです。もう何も信じられない。目に見えるモノがすべて嘘に見えて、お先真っ暗です。つらすぎます。

A：そうか、そんな事があったらとても傷付くよね。そんな時って見えるモノがすべて嘘に見えちゃうんだよね。わかるよ。前に僕は熱中症で倒れてね。その時、目の前が真っ暗になったんだ。周りが全く見えなくなった僕が頼りにしたものってなんだと思う？ 今の君のヒントにしてもらいたいな。

「真っ暗だと不安になる」

夜中にパッと目が覚める。そこが、真っ暗だとギョッとする。「右も左もわからない」なんて言葉があるが、さらに「上も下もわからない」と思ってしまう。「暗闇」ってこんなに不安になるんだと改めて思う。

僕はマラソン大会で目の不自由なランナーがサポートランナーの方と一緒に走っているのを見た事がある。暗闇の中で、あんなペースで走るなんて！と驚愕する。僕なら、目をつむってしまったら一歩も走れない。目の不自由なランナーとサポートランナーは輪になったタスキを持っていたりするが、決してそのたすきで引っ張るなんて事はない。どちらかと言えば、そのタスキはダランとしている。

それは、何か起こった時のためのまさに「命綱」なんだと思う。そういう状況において大切なのは「声」だ。僕は目の不自由なランナーの近くを走った事があるのだが、とても走りやすかった。それはサポートランナーの声かけのおかげだ。「すこしだけ上っています」「あと100mで給水です」「今のペースは〇〇です」…と、的確にサポートが入る。その声に目の不自由なランナーは全幅の信頼を寄せ、安心感を覚え、走る事が出来ている。

僕は過去「熱中症」で倒れた事がある。手足が痺れ、動かなくなり呂律がまわらず言葉が出なかった。そして、目が見えなくなったのだ。まさに真っ暗闇で「右も左も上も下も」わからない状態。その時に頼りになったのは「声」だった。身体の感覚がなくなってしまった状況でも「音」だけは聴こえた。僕は「音」だけを頼りに「意識」を保ち、その「音」で状況を把握していた。何も見えなくなると人は驚くほど不安になる。ふと【闇】という漢字を見直してみた。すると真ん中に【音】がある事に気付く。

これから僕達の人生、不安を感じる事もあると思う。目の前に見えているものが信じられなくなって、どうしていいか分からない。まさに「右も左も上も下も」わからない状態になる事もあるだろう。そんな時に僕たちはどうすればいいのか？　そんな時は落ち着いて目を閉じ、心の耳をすましてジッと【音】を聴くといい。目に見えるモノがすべてじゃない。裏にある優しさを感じ取るんだ。どうしても不安になってしまった時、目をとじて心に届く【音】を聴く。そうだ！　僕たちはその【音】を信じて、ただひたすらに進めばいいい。

2-4.【治らないかもしれない病気にかかり不安な学生】

Q：体調が悪くて病院に行ったら、治療しても「完治はしない病気かもしれない」とお医者さんに言われました。僕は何を希望に頑張っていけばいいのか、わからない…。このまま終わってしまってもいい！ なんて思えてきて気力が出ないです。僕は何を希望に生きたらいいんでしょうか？

A：そうか、そんな病気なんだ。つらいね。前に一緒にマラソン同好会で走っていた学生が事故で大怪我をしてしまった事があるんだ。その時、彼は「ここは地獄だ」って思ったって言っていたよ。でもね。彼はそんな中で光を見つけるんだよ。話を聞いてくれるかな？

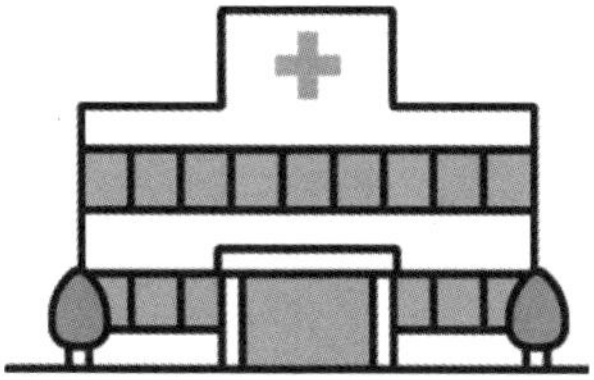

「ここは地獄だ！に出来る事」

今回のエッセイはTくんがあとは卒業を待つのみ！となっていた２０２０年2月の事だ。僕はマラソン同好会という学生のサークルに入っている。そこにTくんはいた。僕はTくんと一緒にたくさん練習をして、マラソン大会にも一緒に出場した。その日、自宅にいた僕のスマホが鳴った。その電話は「Tくんがスノーボード中に滑落し、頭を強打。頭がい骨骨折…ドクターヘリで総合病院に搬送。今、緊急手術中！」と教えてくれた。僕は病院に夜間通用口から入った。お医者さんの話を聞いたお父さんは僕に「手術は終わったが、まだ意識がもどらない」と言った。重症だった。それから僕は「絶対！復活する！」それだけを信じ続け、不安な毎日を過ごす。1か月が経とうとしていた２０２０年3月15日…また、僕のスマホが鳴った。ディスプレーをみると「Tくん」と表示されている。僕はおそるおそる電話に出た。すると、その電話はなんと「Tくん」本人からだった。彼は僕に泣きながら何度も「ありがとう」を言った。そのあと、彼は「ありがとう」の意味を話し出した。病院のベッドで意識が戻った時、体のあちこちが痛い、動かない、言葉がでない、記憶がない。僕は今、どこにいるんだ。何をしているんだ。どういう状況なんだ。全然、わからない。不安だけがTくんを襲う。そして、これが夢じゃない！と分かった時「ここは地獄だ」と思ったという。病院の先生から、大事故にあった事、今は頭がい骨が開いてしまっている事、また、どこまで回復するか、わからない事、それらを聞いた時、彼の目の前は真っ暗になった。右も左も上も下もわからない。這いつくばっている自分は今、どこに進んでいけばいいのか、それすらサッパリわからない。ただただ涙があふれ、苦しい。歯を食いしばり、全身に力をいれて堪えないと「死にたい衝動」を押さえられない夜が何度もあったと彼は言った。そんな彼に、ある時、一筋の光が見えた。

「僕の回復を祈って待ってくれている人がいる。その人たちに感謝をしたい」。その思いが一筋の光になったと彼は僕に教えてくれた。彼はその思いが「光」になって真っ暗闇の中、這いつくばって来た。僕らのTくんを信じる思いが「光」になったのだ。僕たちはもし、周りに苦しんでいる人がいたら、何ができるのか？ それはまず、彼らの復活を心から信じてあげる事。今回の出来事はその思いがホントに「光」になるんだと分かった出来事だった。

2-5.【自分には価値がないと思ってしまう学生】

Q：この前、授業でグループワークをしたんです。チームでやると、みんなの能力の高さを感じました。ホントにすごかった。なのに、僕は発想力もなければ、拡散力も、企画力もないんです。僕なんて価値がないってホントに自己嫌悪です。あ〜〜僕も役に立ちたい。

A：イノベーションを起こすような発想力のある発明家ってすごいよね。他にも大きなビジョンを語り、企業をグングン大きくしていく経営者もすごいよね。確かに僕はそんなんじゃない。でも、僕は自分に価値があると思えているよ。だって、僕らがいなければ発明家も経営者も意味がないからね。

「あなたは価値のない人？」

「美味しいものは「脂肪」と「糖」で出来ている」なんてCMがあったが、社会は【「0」から「1」の人】【「1」から「10」の人】【「10」から「100」の人】で出来ている。僕は小学生の頃「ハイスクールララバイ」ってレコードを買った。が、中学生になってからはレコードを買った事がない。そう！もうすべてCDに変わっていたのだ。今はそのCDすらない。大学生の頃「ポケベル」を持っている人がいたが、今は「ポケベル」なんて誰も持っていない。イノベーション。

世界は革新的技術でガラッと変わる。「技術へのこだわり」「飛躍的な発想」それができるのが【「0」から「1」の人】。きっとこれが「発明者」。他にもすごい人がいる。【「10」から「100」の人】。小さな会社を「グローバル企業」に成長させる人。大きなビジョンを語り、障壁をはねのけ突き進む！すごいカリスマ。アクは強いが信頼感もある。まさにこれが「経営者」。

この2つ【「0」から「1」の人】と【「10」から「100」の人】はとても目立つし、かっこいい。みんなの憧れ！偉人たちだ。

でも、世の中の9割は【「1」から「10」】で出来ている。同僚たちとチームワークを組み、わかりやすい資料をつくり、会議で上司にプレゼンを行う。職場で部下には気を配り、居酒屋で夢を語って煙たがられる。いつも「1」のモノを「10」にしろ！と、指示が出て、そのために一生懸命に働く。

まさに「昼間のパパ」だ。でも、よく考えてもらいたい【「1」から「10」の人】がいなければ【「0」から「1」】の「発明者」は意味がない。【「10」から「100」】の「経営者」は必要がない。【「1」から「10」】が人間関係に気を使い、周りにいる人たちのパフォーマンスを上げている。

これは絶対に「発明者」「経営者」と同じだけの価値がある。負けるな！世のお父さんたち！頑張りましょう！「発明者」も「経営者」も僕たちがいなければ、輝けない。誰にも絶対に価値がある。

忘れちゃいけない。みんなイーじゃん！スゲーじゃん！

2-6.【気持ちが落ち込んだ時になかなか立て直せない学生】

Q：あ～～つらい。今、落ち込んでいるんです。もう泣きたい。こうなっちゃうと、もう2、3日引きずっちゃうんですよね。あ～～嫌だ。抜け出したい。どうしたらいいんだろう？「こうするといい！」って方法、なんかありますか？

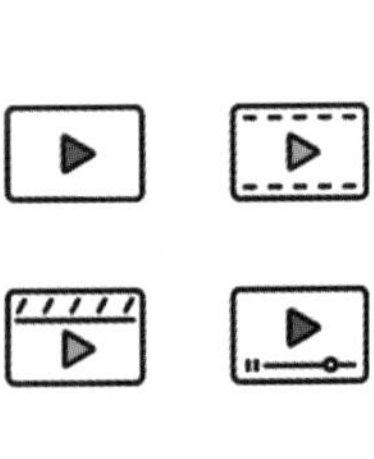

A：「絶対、これが効く！」なんて方法はないな。でもサ、切り替える方法を何種類も試してみたらいいじゃん。どれかが当たるって事があるかもしれない。
僕はそんな時は8つの方法を用意しているんだ。僕の場合は8つ目が一番効くけど（笑）今から君も試してみたらどう？ 今日の君にとって一番いい方法が見つかるかもしれないよ。

「気持ちを切り替える方法」

ある日、大リーグで活躍中のダルビッシュ投手のインタビューを聞いていた。ダルビッシュ投手でもマウンドに立って投球を始めてから「調子が悪い」と思う事があるそうだ。そんな時に彼は「いくつか持っている自分の投球フォームを試合中に試す」と言っていた。何種類か試す中で、その日、自分に合ったフォームを見付ける事が出来るんだそうだ。

先日、僕はある方から「ひろのぶさんは気持ちが後傾になってしまった時、どうしますか？」という質問をもらった。その時にふと僕はダルビッシュ投手の事を思い出したのだ。気持ちが凹んでしまった時、どうするか？「こうするといい」なんて決まった方法はない。

改めて凹んだ気持ちを立て直す時に僕がしている方法を考えてみた。すると、8つの方法が出てきた。1．落ち込むまでとことん落ち込む（その事を考えて落ちるところまで落ちてみる）2．落ち込んだ要因やグチを紙に書く（最後はビリビリにして捨てる）3．ゆっくりと寝る（睡眠で自然にやる気が出てくる）4．ただひたすら走る（何も考えずに身体を動かす）5．歌う（大きな声を出してみる）6．面白い動画や番組を見る（無理矢理にでも笑顔をつくる）7．（自分の）「YouTube 動画」をみる（切り替えのヒントを見付ける）。

皆さんは気持ちを切り替える時、どんな方法を使っていますか？うまく切り替えができない！という方は今、僕が書いたこの７つの方法をそれぞれ試してみて欲しい。いくつも試していれば、ダルビッシュ投手のように、その日、自分の気持ちに合った切り替え方法を見付ける事が出来ると思う。

もし、ピッタリするものがこの７つに無かったとしても、それらを試しているだけで、いつの間にやら、気持ちが切り替わるかもしれない。

凹んだ気持ちを切り替える「８つ目」の方法は「時間が解決してくれる」だ！どうだろう？

この８つを試したら、どれかが君の心を軽くしてくれると僕は思っている。また、笑える君を信じて。

２－７．【試験１週間前に「もう無理だ」と言う学生】

Ｑ：試験問題が解ける気が全くしません。この試験に不合格になったら留年だし、留年したら退学しろ！　と親は言うし、プレッシャーが半端ないんです。結果を考えると、勉強をしていても頭が全然まわりません。もう無理です。

A：僕は君にあと1週間、これ以上ないくらい頑張ってもらいたい。その上での結果なら試験落ちてもいいと思う。結果なんて君の幸せに全く関係ないから。試験結果から考えられるこれからの組み合わせって4つあるんだ。君はどれが一番よくないと思う？

「試験結果の組合せは4つ」

大学の定期試験があと1週間という時期に「もう無理です」と言って学生支援センターに駆け込んで来る学生がいる。

彼はこれまで勉強をしてきたが、試験で問題が解ける自信がまるで湧かないと言うのだ。プレッシャーに押しつぶされそうになっている。それも無理はない。もしこの試験に合格できなければ、彼は留年してしまう。さらに、留年したら退学も考えているという。

そんな彼に、僕は静かに言う。「あと1週間だけ、これ以上ないってくらい全力で頑張ってみろよ」って。彼は「そんな事をしてもダメなんです。どうせ無理なんです」と肩を落とし、消え入りそうな声で弱音を吐く。

そこで、僕は彼に続けてこう伝える。「留年しても、退学してもいいんだよ。それで君の幸せが奪われるわけじゃない。君はどんな道を選んでも、きっと幸せになれる。だから、今はその心配はしなくていい」と。

試験結果の組み合わせは4通りに分かれる。「1．頑張らずに留年」「2．頑張らずに進級」「3．頑張って進級」「4．頑張っても留年」。僕が一番心配するのは「頑張らずに進級」してしまう「2」のパターンだ。

「1」の場合は、次は頑張ってくれるかもしれないという期待が持てる。しかし、

「2」の学生は、頑張らずに楽に進級できた事で、これから先も頑張る機会を逃し続けるかもしれない。だから、僕は言うんだ。「結果がどうであれ、頑張るか頑張らないかが大事なんだ」と。試験が合格か不合格かは関係ない。苦しい時に頑張れた人は、次に何か困難が訪れても、その時も歯を食いしばって進む力がつくんだ。

その経験があれば、どんな未来でも自分で切り開いていける。この1週間、彼が全力で頑張れるかどうか。これは彼の人生において、大きな意味を持つ挑戦だ。

つらい時にこそ踏ん張り、力を尽くす経験を手に入れて欲しいと僕は心から願っている。

2-8.【将来が不安で自分を信じる事ができない学生】

Q：ゲームだったら時間かけたらクリアできるって想像できるけど、リアルな人生だと全く想像できないんですよね。将来なんて分からないし、自信もないし。「自分を信じて！」なんて言われるけど、そんな事できません。どうしたら自分を信じる事って出来るんですか？

A：確かにね。ゲームは時間をかけたら絶対クリアできるもんね。それにしても、ゲームってなんで楽しいんだろうね。人生と何が違うんだろうか？「チーズはどこへ消えた？」っていう童話、知ってる？ そこに出てくる小人のホーの話、聞いてよ。

「チーズはどこへ…のホー」

「自分を信じて！」そう、みんな言うけど、そんな簡単な事じゃない。不確かな未来に確信なんて持てない。そう言って「自分を信じない」それって、もったいないよ。アメリカの心理学者スペンサー・ジョンソンが書いた「チーズはどこへ消えた？」という童話を知っている人も多いだろう。その話の中に「ヘム」と「ホー」という小人が出てくる。チーズがなくなってしまった「チーズステーション」で「どこへ消えた？」と叫び続けるヘムと「人生は進んでいく。僕らも進まなくてはならない」と駆け出すホー。よーく思い出してみて！きっと、みんなもホーと同じ経験をバーチャルでしている。

そう！「ドラゴンクエスト」！子どもの頃「R.P.G.（ロールプレイングゲーム）」で冒険に出たじゃないか！「城」でジッとしていた勇者なんていない。何があるかわからないからこそ！強い敵がいるからこそ！僕たちは冒険に出たじゃないか！そう言ったら「現実は違うよ」と言うキミ。何が違う？「だってR.P.Gは時間かければいいだけじゃん。でも、現実は違う。立ちすくむヘムの気持ちがわかるよ」。よく考えてみて。勇者を動かしていたのもキミ。今のキミを動かしているのもキミ。同じキミなんだよ。いったい何が違う？

そう！違うのは「信じる気持ち」。勇者だったキミは「絶対、魔王を倒せる！」って思っていたでしょ？　今のキミは、自分の未来を信じられている？　確かに、魔王を倒す前にゲームをやめてしまったら「魔王」は倒せない。でもね。倒せると信じて「R.P.G.」をしていた時はワクワクして楽しかったハズ。僕が伝えたいのは「結果」がワクワクを生んでいるんじゃなくて、「信じる事」自体がワクワクを生んでいるという事実。信じて動けばワクワクが生まれる。

だから、みんな「自分を信じて！」って言うんだと思う。その方が絶対に楽しいから。「チーズはどこへ消えた？」のホーは駆け出していった後に思うんだ。「たとえ新しいチーズが見つからなくても、チーズステーションにとどまっている生活よりはるかにいい気持ちになれる」と。

さぁ！　みんなも自分を信じて「まず一歩」！

2-9. 【相談室に全く来てくれなかった学生】

Q:「こんな僕でごめんなさい」何度も声をかけてもらっているのに僕は相談に来る事すら出来なかったんです。僕はダメな奴なんです。自分がホントに情けないです。助けて欲しいんです。でも、どうしていいか全く分からない。

A：そうだったんだ。君の事、勘違いしていたよ。ほんとに来てくれてよかったよ。ありがとう。社会人になるとサ、トラブルが発生したらそれをグループ内に共有するんだ。きっと同じだよ。どうしていいか分からない時こそ、僕に共有してよ。一緒に考えるからサ。

「こころの共有」

僕は学生支援の仕事をしている。「成績が落ちた」「レポートが提出できない」「授業を欠席している」。僕はそんな学生に連絡をする。「大丈夫か?」「相談にのるぞ」「顔くらい出せよ」。関係ができていれば、その連絡に反応してくれる学生もいる。しかし、返事がない学生もいる。

返事がないのは「ほっといてくれ」というメッセージなんだと僕は思っていた。が、最近、返事がなかった学生の心の声を聴く事が出来た。「助けてほしかった」。当然「ほっといてくれ」と思っている学生も多いだろう。でも、手を差し伸べても自分の手が伸ばせない学生もいる。世間が大学生にもなって…と考える気持ちもわかる。だって、本人もそう思っている。

だから、本人はそういう自分を責める。「こんな僕でごめんなさい」。底なし沼に沈みかけている学生に手を差し伸べた時、その手を学生が握らなかったからといって、自分の手を引っ込める事ができるのか? 先日「こころの整理術」というセミナーに参加した。人は体を使った場合「睡眠をとる」とか「マッサージをする」というように体のケアをする。なのに、こころを使った時はあまりケアをしない、というのだ。

サラリーマンはトラブルが発生すると、その事実をグループ内に共有する。それが大切だとわかっているし、実際も行っている。が、「こころの共有」はしない。してはいけない事のように思っている人もいる。僕がそのセミナーで「こころの整理術」で必要なセルフマネージメントのためには「こころの共有」が重要なのだと教えてもらった。「助けて欲しい」と思いながら「沼」に沈もうとしている学生には「こころの共有」ができる誰かが必要なんだ。

そして、きっとそれは誰でもみんな同じ。みんな「こころの共有」で「セルフマネージメント」をしているんだ。こころを酷使している人であればあるほど、きっと、その「こころの共有」の重要性は高まる。

僕はもしかして、この「エッセイ」を書く事で生かされているのかもしれない。

2-10・【退学が決まって人生が終わったという学生】

Q：絶対に落としちゃいけない科目を落としちゃいました。これでもう進学できなくなったので、昨夜、親と相談をして退学する事を決めました。これまでホントにありがとうございました。これで僕の人生は終わってしまいました。

Ａ：君の人生は終わってなんかないよ。僕は退学していく学生全員と面談していて、そんな彼らがたまにメールをくれるんだよ。そこにはね。「あの時、退学してよかった」って書いている人も多いんだよ。君からもそんなメールが来るのを楽しみにしているよ。

「明日は今から変えられる」

大学職員として学生支援をしている僕はすべての退学者と退学直前に話をする。あっけらかんとしている者もいるが、多くは落ち込んでいる。しんどかった事を涙ながらに話す者もいる。「俺の人生、終わってしまった」と、うなだれる者もいる。
そんな時、僕は大きく首を横に振る。
「終わってなんかない！」。

僕は彼らに「昨日はもう変えられないけれど、明日は今から変えられる」と話す。退学という状況になり、ネガティブオーラ全開の彼らに僕は「退学してよかった」と話してくれた先人の話をする。この「退学」が人生の「汚点」になるか、成功への「転機」になるかは今からのキミの行動で変わる。あんなところでグジグジとくすぶって、つらい思いをし続けるのだったら「あの時、辞めて次のステップに移って正解だったと、未来の僕に報告をしてくれ！」と、退学者全員に話し、一緒に編入学大学や就職先などを探す。

最近、そうやって退学していった学生達から「未来の僕」にメールが届く。「大学に合格した」「就職できた」「結婚した」。彼らとは退学する前から何度も面談をしていたので、とても思い出深い。

そんな彼らからの「成功メール」はとても嬉しい。三寒四温。寒い日が3日続くと、暖かな日が4日くらい続き、それがしばらく繰り返す。

3月に卒業式、4月に入学式（入寮式もある）。1年で一番退学が多く出るのが3月。就職が動き出すのもこの季節。大学職員にとっては毎週が目まぐるしい時期。

この時期、1週間あれば、予想もしなかった辛い事が3回くらいあって、予想もしなかった嬉しい事が4回くらいあるか。

花粉症の僕にはしんどい季節だが、大学職員としての充実感を得られる貴重な季節でもある。

第三章

【目標や夢を失っている君に…】

３－１．【生きている意味がわからないという学生】

Q：僕は自分のためにならない無駄な事をするのが嫌で自分に必要な最低限の事をして生きているんです。別に「死にたい」と思っているわけじゃないんですが、とてもつまらないんです。そう思っていたら、自分が生きている意味がわからなくなってきました。僕たちって何のために生きているんでしょうか？

A：そうか！　君は自分のためにとても合理的に生きているんだね。生きるための理由って人それぞれだから、「正しい」「正しくない」はないと思うんだけど、僕自身は「生きている意味」を感じているんだよね。で、「生きていてよかった」とも思っているんだよ。そんな僕の考えも参考にして欲しいな…。

「生きる意味がわからない」

先日、ひとりの学生が僕に話をしに来てくれた。彼は「自分の生きる意味」が分からない！と言い出した。「死にたい」というわけではない。ただ、今は意味もなく「なんとなく生きている」と言った。自分のためにならない無駄な事をするのが嫌で自分に必要な「最低限の事をして生きている」というのだ。例えば「美味しいモノを食べたい」とか「遊園地に行きたい」とかは思わないのか？と尋ねてみたが「そんなのは無駄だと思う」という返事。ファミリーレストランのドリンクバーですら高いと感じるというのだ。

「友達と話をしたいなら、家でいい。飲み物ならスーパーで安く売っている。そもそも、友達と話す事すら、意味を感じない」と言うのだ。お金を貯めたいのか？と尋ねると「無駄をしたくないだけ」と彼は答える。それじゃ楽しくないだろ？というと「楽しくない」と返事。だから「生きている意味がわからない」のだ…と話がもとに戻る。彼は究極に合理的に「自分のため」に生きている。そんな彼に僕は「人にはそれぞれの考え方があるので、どれが正解かはわからないが…」と前置きをしてから話し出す。

僕は「僕が生きている事の意味」を感じている。僕は「僕が生きていてよかった」と思っている。それは僕の人生が「人の為」になっている！と感じているから。僕が稼いだお金も自分の時間も、なるべく人の為に使いたい。それで、人から感謝してもらう事が僕の生きている意味。僕は彼に伝える。

そもそも「人の為に動く事が無駄」という考え方では「自分が生きる事の意味」を見出すのは難しいような気がする。僕は彼に「まずは誰かのために行動をしてみたらどうだろう？」とアドバイスをする。そこに使うお金を無駄だと思うかもしれないが、それで「自分が生きる意味」を買っていると思えばいいのではないか？と。それを聴くと彼は「言っている事はわかりました」とボソッとつぶやいた。そう言った後、彼は御礼を言うことなく「学生支援センター」をあとにした。僕はまた彼と話をしたいと思っている。

3-2.【理由もなくやる気が出ない学生】

Q：これと言って理由があるわけでもないんですが、全然やる気が出ないんです。何も手につかなくて。少し前までは友達に話を聴いてもらってストレス発散していたんですが、これ以上迷惑をかけるわけにもいかないし…。自分でやる気を出せるようになる方法ってないですか？

A：やる気を出す事に絶対効く「特効薬」みたいなのはないんだ。だけど、僕がこれまで学生支援をしてきた中で効果があった方法を君に伝えよう！ 具体的には３つある。今から伝えるからメモをとってもらえるかな。で、それを今日からやってみる事だね。いいかい！ じゃ言うよ…

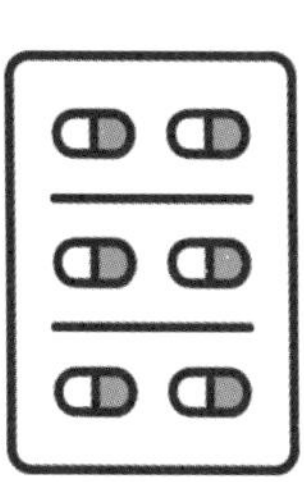

「元気を出す方法」

毎年、「理由もなしにやる気が出ない」って学生がいる。そういう人に対して、自分の成功体験や読んだ本の知識などで「絶対にこれが効く！」なんてアドバイスをする人がいるが僕はそんな特効薬はないと思っている。それを前提にして、この文章を読んでもらいたい。

まず「やる気が起きない場合」は【「友達」といっぱい話をしてストレス発散するといい！】というアドバイスがある。しかし、僕はあまり、その方法はおススメしない。それが続くと依存性が高くなってしまい、その友達も含め、お互いのストレスになるケースがあるからだ。なので、今回は自分の中で完結できる方法で、僕がこれまで見てきた中から比較的、効果があると思われる具体的な事項「3つ」を紹介したい。

1つ目はやっぱり【睡眠をとる】だ。「やる気の出ない」学生にほぼ共通する事柄が「眠れない」だ。聴くと「朝4時頃にベッドに入るが朝になっても眠れない」なんて言う。ただ、詳しく話を聞くと、その後、昼頃まで寝ていたりする。まずはその悪循環を断ち切る必要がある。

2つ目は【「朝陽を浴びる事」と「適度な運動をする事」】だ。朝方まで眠れないのであれば、そのまま起きて、ウォーキングでもしてみるといい。体がポカポカするまで運動をする。そして、ぬるめのお風呂にゆっくり入る。その後、眠くなるかもしれないが「昼寝」は厳禁。

３つ目は寝る前に【「夢日記」をつける】だ。遅くとも23時頃には温かい飲み物でも持って、リラックスできる場所に移動。パソコンもスマホも触れず「夢日記」をひらく。そこには、これからしたい事を「小さな事」から「大きな事」まで書いていく。「カレーが食べたい」とか「海外旅行をしたい」とか。で、これまでに書いた「夢日記」を振り返る。もし、達成した夢があれば、チェックをいれていく。もし、そこで「ニヤニヤ」って出来たら「ＯＫ」！そのルーティンを回して、気持ちが改善した学生を僕は何人も知っている。でも、もし、それを1週間続けても「ニヤニヤ」が出てこなければ、一緒にまた別の方法を考えよう。キミが笑えるように。

3-3.【趣味がなくてヒマしている学生】

Q：僕はいつも部屋でボ――っとしてヒマしているんです。みんな趣味とか持って楽しそうにしているけど、僕は全く趣味がないんですよねぇ～。興味もないし。どうしたら、やりたい事って見付かるんですかね？

A：僕は趣味がたくさんあるタイプで時間が足りないよ。君のようにそうやって「何かないかなぁ～」ってヒマしていたら、いつまで経っても趣味なんて見付からないんだよ。今は興味なくてもいいから、まずネットででも世の中の人の趣味を調べてみなよ。そしてサ…

「やりたい事の探し方」

「羽生善治さんも生まれてすぐに将棋の駒の動かし方を知っていたわけじゃない」「羽生結弦くんだってすぐにスケートリンクで滑れたわけじゃない」って知っていた？ 野球選手だって、サッカー選手だって、キャッチボールやリフティングがすぐに出来たわけじゃない。僕はスキーが趣味だけど、始めた頃は何度コケたか分からない。

学生支援をしていると「やりたい事がない」っていう学生が来る。「どんな事もしたいと思わないんだ」と言う。でも、そういう若者は特別じゃない。いっぱいいる。僕は彼らに言う。「だって、何にもやってないじゃん」って。「やりたい事」なんて初めからあるハズはない。口を開けていれば、いつか入って来るって思っても、何も入ってこない。

では「やりたい事」を見付けるためにはどうしたらいいか？ それは何でもいいから、いろんな事をまずしてみる！だ。身近にあるもの、出来る事、何でもいい。初めは誰だってうまくいかない。興味もない。それを覚悟で何でもやってみるんだよ。同時に何種類もしてみる。時間の許す限り何でもする。そうすると、いろんなトラブルが起こる。どうしても続けられない事も出てくる。そうしたら、それは捨てていく。それでも新しい事にどんどんチャレンジする。やめていくモノがあれば、新たに始めるモノもある。それをどんどん繰り返す。そうすると、それまでは全く分からなかった「駒」の動かし方も、スケートもキャッチボールもリフティングもスキーも出来るようになる。ギターを弾くかもしれない。料理上手になるかもしれない。達筆になったり、英語が話せるようになったり。とりあえず、何でもいろいろやってみる。そうすると、やりたくても出来ないモノも出てくる。けれど、そうしたトラブルを乗り越えて、続くモノが必ずある。見つかった！　それがキミの「やりたい事！」　え？　全部、トラブルでやめちゃったって？　だったら、まだ足りない。もっと他をどんどんやればいい。山登りでもいい。本を読んでもいい。野菜を育てたっていい。やる事はどれだけでもある。何もせずに口を開けていたって「やりたい事」なんて見付かるハズはない。何でもいいからやってみて、残ったモノがキミの「やりたい事！」　そうやって探すしかないじゃん！　羽生さんだって駒を動かせなかったし、羽生君だってスケートができなかったんだから。

3-4.【目標をたてても途中で挫折しちゃう学生】

Q：僕にだって夢はあるんです。はじめは「やろう！」って意欲もあるんです。意思も強いですよ。でも、それが続かないんです。みんなはどうしてコツコツやっていく事が出来るんですか？ 僕には不思議でなりません。

A：コツコツが続かなくて困っている人って割と多いよ。でもね、それは「目標の設定方法」を知らないからなんだ。それがわかれば、誰だってコツコツやっていく事ができるから。そして、その先に「夢」の達成が待っているんだよ。聴きたいでしょ…

「目標の設定方法」

僕は30代になってからジョギングを始めた。初めはダイエットだった。半年ぐらいして「いびがわマラソン」に挑戦した。なんとか完走はしたものの帰りは歩くのもやっと！という状態だった。そこで「来年はキチンと走りたい」と思った。キチンと走れるようになると、次は「サブスリーランナー（フルマラソンを3時間以内で走るランナー）」になりたいと思った。

それが僕の立てた「大目標」だ。そのために僕は「中」と「小」の目標を設定した。中目標は「1．月間300km以上走る事（年間3，600km以上）」「2．体重を60kg以下にする事」「3．ハーフマラソン：1時間25分以内で走る事」。

そして、小目標は「1．毎朝10km以上走る事」「2．夕飯は少なめにする事」「3．練習のラスト1kmは3分50秒まで上げる事」「4.まわりにサブスリーをとると公言する事」サブスリーランナーはマラソン完走者の上位5％！いきなりそれを目標にしたって何をしていいかわからない。中目標の「1.」「2.」「3.」だってなかなか達成は難しい。だからこそ重要なのは小目標の「1.」「2.」「3.」。小目標は1日だけなら誰でも出来る目標。ただ、これはずっと継続するのが厳しい。そこで必要なのは小目標「4.」の「まわりにサブスリーをとると公言する事」。それで「小目標」を1年間続けられれば「中目標」はおのずと達成できる。その「中目標」が2年続けば

「大目標」にも到達する。僕のフルマラソンベストタイムは2時間48分57秒。ダイエットでジョギングを始めた僕が「小目標」「中目標」をクリアし、「大目標」のサブスリーランナーになった。

イチロー選手が引退会見で言っていた。「一気に高みに行こうとすると今の自分とギャップがありすぎて続けられない。少しずつの積み重ねでしか自分を超えていけない」と。あんなスーパースターでも僕と同じじゃないか！と思った。きっと、みんな同じ。キミも目標を立てて挫折してしまった経験を思い出して欲しい。その目標とその時のキミにギャップがあり過ぎたのではないか？「中目標」を想定し次に誰でも毎日できる「小目標」を設定する。そして「小目標」継続のために「自分はできる！」のスパイスを振りかける。これで目標達成までのフルコースが完成する。

ここまでくれば、あとはやるだけ！目標達成はすぐそこまで来ている。

3－5.【小さな夢さえ持てない！という学生】

Q：ひろのぶ先生は「夢を持て」って言うけれど、私には夢なんてありません。今を生きる事に精一杯で「プリン」が食べたい！って事すら思えないんです。そんな私に「夢を持て」なんて無責任な事を言わないでください。苦しくなってきます。

A：明日、これがしたいなっていう小さな夢すら持てないんだね。それは君が今を一生懸命に生きている証拠だね。でも、大丈夫。君は充分に叶えているよ。一番小さくて一番大切な夢を。このままいけばいい。心配はいらないよ…

「一番小さく一番大切な夢」

毎日、学生支援センターにはいろんな悩みを抱えた大学生がやってくる。ほんとにつらい状況に陥っている学生はとても自己肯定感も低く何も出来なかったりする。約束した時間に「学生支援センター」に来る事すら出来ない。それは決してふざけているわけでも、怠けているってわけでもないのだ。

だから、僕は時間に遅れたとしても「学生支援センター」に来られた学生に「よく来たね」と伝える。そして、彼の（周りには頑張りだと思われない）頑張りを「よくやったじゃん」と認める。すると、彼らは僕の前でボロボロと泣くんだ。彼らは「今」を生きる事に精一杯で僕によく「生きている意味がわからない」と話してくれる。僕はそんな彼らに「夢」を持ってもらいたいと思っている。

なぜなら「夢のある人生」はその人に「生きている意味」を強く感じさせてくれると思うから。先日「夢がある人という」のは、明日のために今を生きる人。夢が無い人は今日のために今を生きる人」と教えてもらった。確かに僕も学生をみていて、それを実感する。そして、彼らはみんな真面目で「今」を必死に生きている。僕は「夢」って、大きい夢から小さい夢まで、いくつあってもいいと思っている。「社長になりたい！」って夢を持っている人が「明日、シュークリームを食べたい！」って「夢」を持ってもいい。ただ、ホントにつらい状況の学生は「明日、シュークリームが食べたい！」って「夢」すら持てないのだ。信じられないかもしれないが、それが現実だ。

そこで、僕は考えた。「一番小さく一番大切な夢」って何か？ そして、気が付いた。

それは「生きよう！」だ。

だから、僕は彼らに伝える。「生きていてくれて有難う」って。僕らは「生きる」というとても大切な「夢」を毎日叶えているんだ。それってすごいじゃん！ その一番小さく一番大切な夢を毎日叶えていけば、いつかきっと、次の夢を探せる日が来る。きっと「シュークリームが食べたい」って思える。

もし今、全く「夢」が持てないという人がいたら、今「生きよう」って思えるだけでも素晴らしいって感じて欲しい。それこそが大切な「夢」だって信じて欲しい。

僕はそれを伝えていきたいと思っている。

３‐６．【相手を恨んで動き出せない学生】

Ｑ：誰がどう考えても失敗したのはアイツのせいなんです。謝ってもらえなきゃ次になんて進めないですよ。気持ちの整理がつかないんです。イラつく。我慢できないんです。こんな時どう考えたらいいんですか？

A：確かにあれは君が悪いんじゃなかったかもしれないね。彼のミスで失敗したんだと思う。でも、僕から見たら、君にはすごい力があるのに今の君はそれが発揮できていないよね。今回、つまずいたのは彼のせいだったかもしれないけど…

「つまずいたのは誰かのせい…」

僕はいつも「チャレンジ」していこう！と言っている。でも「チャンレジ」をすると「失敗」は付きものだ。「失敗」をした時「実力が足りなかった」とか「ミスをした」という理由があれば、あきらめがつきやすい。これから実力を付けよう！とかミスをしないようにしよう！と気持ちを立て直す事ができる。ただ、時には人のせいだったり、予期せぬトラブルに巻き込まれたりして「失敗」をしてしまう事もある。「失敗を人のせいにするな！」なんて言葉もあるが、どう考えても誰かのせいでうまくいかなくなってしまう事だってある。

そうなると気持ちの整理がつきにくく… 次のチャレンジがしにくい。そんな時、僕は自分自身に言い聞かせる言葉がある。それが「つまずいたのは誰かのせいかもしれないけど、立ち上がらないのは誰のせいでもない」だ。チャレンジが誰かのミスや不運な出来事によって失敗する事はあるだろう。そうなると心の傷は大きいと思う。

つまずいた瞬間は確かに苦しい。悔しさや怒りを感じる事もあるだろう。だけど、つまずいた後、どう行動するかは完全に自分次第だ。そこで、そのまま地面に伏してジッと動けなくなってしまうのか、立ち上がって再び歩き出すか、それは自分で決める事ができる。動き出さない事は「誰かのせい」ではないのだ。どんなに困難な状況であっても、自分で立ち上がり、次の一歩を踏み出す覚悟が必要だ。立ち上がる勇気は、決して簡単に手に入るものではない。傷ついた心や体を癒す時間も必要だ。だが、他人の過失を責め続けても、自分の足は前に進まない。僕自身もこれまでに何度もつまずいてきた。その度に、自分の力で立ち上がる事を心がけた。それは人生を自分で切り開いていくために必要なプロセスだからだ。

　つまずいた時こそ、自分に問いかけて欲しい。「誰かのせいでつまずいたかもしれない。でも、これからどうするかは自分の選択だ」と。どんな困難に直面しても、必ず立ち上がる力が自分にはある。

　その事を信じて、再び前に進んでいこう。そうさ！　失敗しても何度でもチャレンジすればいい。

3-7.【一生懸命やっているのに認めてもらえない学生】

Q：私だって一生懸命やっているんです。でも、誰からも褒めてもらえずに、誰からも認めてもらえずに、誰からも感謝もされないんです。こんな状態で頑張る事なんてできますか？ 私はこんなんじゃ夢なんて持てません。

A：僕は君が頑張っている事を知っているよ。よくやってる。すごいって思う。確かに、誰からも認めてもらえないって思っちゃったらつらいよね。でもサ、君には君の頑張りを一番近くで見てくれている最高の味方がいるじゃん。

「人はそんなに強くない」

人って弱い生き物だなぁ〜と思う事がよくある。僕たちは日々の中で、その弱さを感じながら生きている。SNSで「誰にも褒めてもらえず、誰にも認めてもらえず、誰にも感謝もされずに頑張り続ける事ができるほど、人は強くない」という言葉を見て、僕は深くうなずいてしまった。

僕たちは幼い頃から、褒められたり認められたりする事で、自分の価値を確認し、自信を築き上げてきた。しかし、社会人になるとその機会はめっきり減ってしまう。仕事に追われる日々の中で、自分の努力が誰にも評価されない事が多くなってくる。先日、「マズローの欲求5段階説」を調べた。まず、生理的欲求があり、安全欲求があり、社会的欲求があり、承認欲求があり、そして自己実現欲求がある。人は誰かに認められる事で、自分の存在価値を見いだす事が出来る。それが満たされて初めて、自己実現の欲求に向かって進む事が出来るのだ。

だからこそ、認めてもらえないと感じる時期は特に苦しい。僕も何度もくじけそうになった事がある。でも、そんな時こそ、自分を支えるのは自分だ。自分で自分を励まし、自分で自分を認める事が必要だ。これが出来るようになれば、少しずつ心は軽くなる。誰かからの評価を待つのではなく、自分で自分を評価する事。それは簡単な事ではないが、少しずつでもその力を養いたい。そこで、自分で自分を評価するために大切なのは周りの人に感謝の気持ちを伝える事だと僕は思っている。きっと、感謝の言葉は、言われた人だけでなく、言う自分自身にも力を与えてくれる。それは自分の行動が誰かのためになっていると実感できるから。人は弱い生き物。だからこそ誰かの支えが必要だ。

誰かに認められ、誰かに感謝される事で、自分の存在意義を感じる事が出来る。周りの人に感謝の気持ちを伝え、それによって、自分自身を認めていきたい。「人は弱い生き物だからこそ、誰かに感謝する事で自分の存在意義を感じる事が出来る」それを忘れずにいたい。

僕自身が誰かの支えになれるように。そして、自分自身も支えられるように。

3－8．【勉強意欲がわかず進路に悩んでいる学生】

Q：勉強意欲がわかなくて、大学院に進学するのがいいか？就職がいいか？　ムチャクチャ悩んでいます。親や先輩や先生に聞くとみんなバラバラな事を言いだして、何を信じていいかわかりません。かえってパニックになってしまいました。どうしたらいいですか？

A：いろんな人からアドバイスをもらうのはいい事だと思うよ。まずは一生懸命に相談にのってくれた方に感謝だね。でも、その意見がバラバラでかえって迷ってしまっているんだね。君は今、選択肢がありすぎて、どれが正解かわからないって思ってない？

「修士に進学したくない」

僕は学生時代「ミスタードーナッツ」でアルバイトをしていた。苦学生だった僕は時給が高くなった22時以降の接客に入り、その後、ポーターというお店の「清掃・洗浄」のバイトもしていた。それから、売れ残ったドーナッツを店内で何個も食べた。最終なのに、売れ残りがあるの？と思うかもしれないが、確かマニュアルでは最終でも5種類・合計100個ほどは用意するように！と、なっていたと思う。それがなぜか、わかるだろうか？それは最後に来たお客さんにもドーナッツを選んでもらうため。そこで、最終でも必ず余りのドーナッツが出るわけだ。

それにより…僕は太ったのだが、その話はまた後日。

先日、僕のところに進路に悩んでいる学生がやってきた。彼は「研究意欲がわかず修士課程に進学をしたくない！」と言った。そんな彼に僕は「じゃ、今からでもサポートするから就職活動をしてみたらどうだ」と言った。すると彼は言った。「相談する人…みんな言う事がバラバラで訳が分からない」と。

そんな彼に僕は「違う」と言って話し出した。キミは今、選択肢がたくさんありすぎて…どれが正解かわからないって言っているように僕には聞こえる。でもね。人生はテスト問題じゃないんだ。人生の答えなんて誰にもわからない。いいかい。相談を受けた人はキミの事を真剣に考えて、それぞれの立場から、キミにとって最良だと思われる選択肢を提示したんだよ。いろんな種類の選択肢がいっぱい出てきて、嬉しいじゃないか。答えなんて誰にも分からない。悩んで決めるのは「キミ」なんだ。僕はどれだけでも相談にのる。いろんな選択肢を提示する。だけど、誰にも正解はわからない。それで決めるのは「キミ」なんだ。悩んで悩んで…自分の人生を自分で決めていくんだよ。成長したキミにはきっとそれが出来る。

そう言って僕は彼を送り出した。僕の役割は「もうダメだ！」と思っている学生にも、他の選択肢を提示する事。ドーナッツ屋さんに来た最後のお客さんにも笑顔で選んでもらう事。そして、ドーナッツを選んだお客さんを最高の笑顔で送り出す事。彼はきっと悩み抜いて自分で選択をするだろう。その時にその選択でよかった！と思えるように全力でサポートするのも僕の役目だと思っている。

3-9.【グチばかりで夢が語れない学生】

Q：僕、夢はあるのに「できない理由」ばかり考えちゃうんです。これってグチですかね。そんなモチベだから、きっと夢への想いが続かないんですよね。こんなんじゃ「夢」なんて叶うはずないなぁ～。あ～～ 喝！を入れてください。

A：「喝だ！（笑）」な〜んて言ってもらいたい時はここを「居場所」にしてくれたら嬉しいな。夢はね、見るものじゃなくて叶えるもの。グチじゃなくて夢を伝え続ける。そうすれば夢って叶うんだよ。知ってる？ それを漢字が教えてくれているんだ。

「漢字に教えてもらう」

僕のところに相談に来る若者には「弱い若者」と「強い若者」がいる。弱い若者は「居場所」を持たない。学校や家庭を居場所だとは思えていない。だから、僕は彼らに「僕が君の居場所になる」と伝える。そして、強い若者は「夢」を持っている。「夢」を持っている若者はちょっとの事ではへこたれない。そんな彼らに僕は「夢の叶え方」を伝える。本気で夢を叶えようとしている人はグチを吐かない。何か問題が発生したとしても、グチを吐かずにその障壁を打ち破る方法を考え出す。夢を叶えるためにはグチばかり吐いていてはダメ。ほら！【吐く】という漢字からグチを【―（マイナス）】すると【叶う】になる。グチを吐かなければ夢は叶うんだ。「漢字」はそう教えてくれた。

僕は以前「夢を叶えた人たちに共通している事項」をエッセイに書いた事がある。それは「仲間を集めてあきらめずに夢を伝え続ける事」。なんと！それも漢字が教えてくれている。「口へん」に「十」と書いて【叶う】！夢を10回、言い続けるんだ。やっぱり仲間に伝え続ける事が大切なんだと思う。

僕にも「夢」がある。それは僕が書いている「エッセイ」を書籍化して「弱い若者」の居場所になる事。そして「夢」を持つ「強い若者」になってもらう事。僕はそれを「YouTube ライブ」などを通じてずっと伝え続けてきた。そして、今ではその思いに共感してくれる仲間がたくさんいる。「書籍化しましょう！」と力強い言葉をかけてくださっている方もいる。

さぁ！ あきらめなければ、必ず「夢」は叶う。僕はそれを信じている。僕は弱い若者を強くするために居場所をつくり、夢の叶え方を伝える。もし、僕がその「夢」を捨て、仲間に「僕の夢」を伝え続ける事ができなくなってしまったらどうなってしまうだろう？

もし「十回」伝えられなくて「七回」で終わってしまったら…。そしたら、きっと僕は神様に怒られてしまう気がする。応援してくれている仲間の気持ちを無駄にするのか！って。だってほら！ 漢字は教えてくれている。

「口へん」に「七」って書いたら【叱る】になるんだもん。

3-10・【子どもの頃から夢なんかないという学生】

Q：どうしてみんなは「夢」を持っているんですか？　僕は子どもの頃から夢なんてないです。どうやって夢を創ったらいいのかもわからない。こんな事を質問するのは変だって分かっていますが、夢ってどうやったら創れるんですか？　創り方なんて存在するんでしょうか？

A：夢の創り方って教えてもらった事ないよね。そこでね。僕は「夢の創り方」を考えたんだよ。そしたら発見したんだ。それはね。「夢の部品」をいっぱい集める事。今からだって遅くはないさ。それが出来たら、きっと、君にも夢ができるから。大丈夫！僕はいつも君を応援しているよ。

「夢の部品の集め方」

最近は「夢」を持っていない子どもが多くなったと聞く。僕自身も幼稚園児の頃「将来の夢は？」と聞かれて困った事を覚えている。息子が小学生だった頃「将来の夢」を聞いたら「科捜研！」と答えた。その数日前に「科捜研の女」というドラマを観ていたと思われる。第一生命がやっているアンケートでは1位が「男子：サッカー選手」「女子：食べ物屋さん」だったそうだ。僕は大学で就職支援の仕事をしているが「将来、何がしたいの？」と聞いても明確に答えが出ない学生が多い。「どうして工学部に来たの？」「どうして理系を選んだの？」にも答えられない学生がいる。確かに僕らは「テスト」の点の取り方は教えてもらったが「夢」の創り方を教えてもらった事がない。「そんなもん教えてもらうもんじゃないだろ！」というのは正論だが、急に「夢」は何？と聞かれても「え？何？」ってなってしまうのも分かる気がする。それで「なんとなく大学生」「なんとなく社会人」が増えていく。

例えば夢を「サッカー選手」と答えた男の子。高校でレギュラーになれなかったら、そこでもう「夢」は終わり？それとも実力もないのに、ずっとその夢を追うの？…それでいいの？そこで僕は「夢」を創るためにはどうしたらいいだろうと考えた。そうして出したひとつの「夢」への道しるべ。それは「感動の理由を考える」だ。特に「小学生」「中学生」にはいろんな事を観て聴いて体験してたくさん「感動」をしてもらいたい。例えばサッカーの試合を観て感動した。考えないと「サッカー選手になりたい」で終わってしまうかもしれないが、僕が大切だと思うのはそこで「理由を考える」事。どうしてサッカーを観て感動したのか？「シュートが決まってカッコよかった」「チームプレーが素晴らしかった」「戦略が面白かった」「歓声に迫力があった」「スタジアムがキレイだった」etc. たくさん理由を挙げる。その後、本を読んで感動した。旅行をして感動した。音楽を聴いて感動したetc. それぞれの理由をたくさん考えていくと共通するいくつかの項目が浮かぶハズ。それが「夢の部品」。その部品を使って、自分にあった夢が創れないだろうか。そうすれば「サッカーの試合を観た＝サッカー選手」だけではなくなると思う。大切なのはいろんなモノを「観て聴いて体験して」たくさん「感動」をし、その「理由」を考える事。その感動の共通項が「夢の部品」。その部品をたくさん抱えて自分にあった「夢」をアレンジする。

そうすると、その先に「将来の自分」が見えてくると思う。

第四章　【苦しくて助けてもらいたい君に…】

4-1.【変なウワサをたてられて泣きたい学生】

Q：誰にも知られたくない話がみんなに広まっていて、そのせいで変なウワサを立てられてムチャクチャ凹んでいます。どうしていいかわからずに涙を流して泣いちゃいたい気分です。でも、泣いたらかえって自分がみじめな気がして我慢しています。でも、苦しいです。

Ａ：秘密が広がっているんだね。しかもそれが変なウワサになっちゃってるんだ。それは凹んじゃうよね。そんな時は涙を流してワンワン泣いちゃったらいいと思うよ。デトックスとか痛みの緩和とか涙を流して泣く事の効果は科学的にも証明されているんだよ。涙を流して泣いたら、やる事は一つ。

「涙を流して泣いてもいい」

皆さんは「ジョハリの4つの窓」を知っているだろうか？

2人の心理学者が考案した自己分析のツール。人は心に4つの窓を持っているという。4つの窓とは「開放の窓」「未知の窓」「秘密の窓」「盲点の窓」。以前、この「4つの窓」の事を書いたエッセイの中で僕は「開放の窓」を拡げていく事で「未知の窓」が明るく大きく広がっていく！と述べた。「ジョハリの4つの窓」のうち「開放の窓」と「未知の窓」は人を笑顔にしてくれる場合が多い。

しかし「秘密の窓」や「盲点の窓」は人を泣かせてしまう事がある。「秘密の窓」↓「誰にも知られたくない事がなぜか広まっている」。「盲点の窓」↓「自分の【思いもしないような印象】をみんながウワサしている」。そんな事が起こってしまったら誰でも凹む。だから多くの人が「秘密の窓」と「盲点の窓」を理由にして、つらくて涙を流す。

そんな時に「泣いちゃダメ」なんて事を言う人もいるが、僕は泣きたい時は泣いた方がいいと思っている。たくさんの涙を流す事で抑え込まれていた感情が浄化され、リラックス効果もある。泣いた後は気持ちがスッキリして落ち着いて冷静になれた！なんて経験を持つ人も多いのではないだろうか？【涙】という漢字。サンズイは「水」を表す辺、それに「戻」で【涙】。【戻】を分解すると「扉を大きく開く」なんて思えてくる。「秘密の窓」や「盲点の窓」で凹んで「涙」を流しても、きっと抑え込まれていた感情を発散して、気持ちを切り替えれば「開放の窓」や「未知の窓」が大きく開いていく。「秘密の窓」がばらされて「盲点の窓」でいろいろ言われ、つらくて凹んでしまったら、いっぱい涙を流して泣いたらいい。

大切なのはそこから！泣いた後は立ち上がるんだ。泣くっていう漢字が涙をながした後は「立ち上がれ！」って言ってくれている。生きていれば誰だってつらい事はある。これからだって、何度も涙を流す事や泣く事だってあるさ。

でも、大丈夫！涙を流したら、君の「未知の窓」は大きく広がっていく！

大丈夫！泣いた後、君は必ず立ち上がれる！

4-2. 【自己肯定感が低く孤独を感じている学生】

Q：友達とケンカしちゃって、それを別の友達に相談してみたのですが「あっそ！」みたいに軽く言われちゃって。「やっぱりか…」なんて思っています。こんな僕にはどこにも味方がいないのかな？ と思っちゃいます。これからも僕は味方が出来なかったらどうしよう？

Ａ：相談したのに聞いてもらえなかったんだね。それはつらいね。でも、君の味方は必ずいるよ。大丈夫！まずは「僕」が君の味方サ。他にも君の周りの人を信じて、よ～くみたらいい。大丈夫！僕以外にきっと最低でもあと2人は味方がいる。「大丈夫」って言ってもらえると安心するでしょ。なんでかわかる？ほら！「大丈夫」にはね…。

「大丈夫！必ず君にも味方がいる」

僕は毎週土曜日にYouTubeライブをしている。その時のテーマは【大丈夫！君の居場所あるから】だ。僕の「YouTubeライブ」が「勉強」「仕事」「家事」「育児」「介護」などで疲れている人たちの「ホッ」とできる「居場所」になれたらいいなぁ～と本気で思っている。子どもの頃、土曜日の夜に僕らが「8時だョ！全員集合」を観ていたような気分か。忙しい中で人間関係にトラブルが発生すると、誰でも人はネガティブになる。

そして、「自分はいらない存在なんじゃないか？」なんて思ってしまう。基本、楽天家の僕でもそんなふうに考えてしまう事がある。孤独を感じ寂しくて下を向く。助けて欲しくて誰かに連絡をしても、そっけなくされて「やっぱりか…」なんて人知れず泣く。そんな経験が誰にでもあるのではないだろうか？だから、僕は土曜日の夜にYouTubeライブをする。そんな方の「居場所」になりたいから。だから、僕は来てくれた皆さんに必ず【大丈夫！君の居場所あるから】を伝える。

もし、君が「僕なんて誰も必要としてくれない！」なんて思ってしまったら、よ～く考えてみて欲しい。

君の周りにいる味方の事を。「君を心配してくれている人」「君の言葉を必要としてくれている人」「君に優しさをくれる人」etc.ほら！いるでしょ。君はそんな人たちを大切にしていったらいい。よ〜く見てよ！　僕がよく使う「大丈夫」って言葉。「大」にも「丈」にも「夫」にも「人」という文字が隠れている。つまり「大丈夫」という漢字の中にすでに３人の「人」がいるんだ。同じさ。君の周りをじっくり見渡してみてよ。

君の味方は必ずいる。大丈夫！　君は独りじゃない。君の「大丈夫」の中にいる３人の味方を大切にしていけば、必ず【君の居場所あるから！】。

さて、君にとっての「味方３人衆」は誰ですか？

「丈」の中にいる「人」はちょっと歪んでいるから「あいつ」かな？　な〜んて。

4-3.【コミュニケーション力がないと嘆く学生】

Q：僕は口下手で人と上手に話ができません。コミュニケーション力が低いんです。就職活動でも一番求められているものがコミュニケーション力って言うし。こんな僕はダメなんでしょうか？　コミュニケーション力を上げるためにはどうしたらいいんですか？

A：僕は君もコミュニケーション力あると思うよ。もしかしたら君はお話好きな人が「コミュニケーション力」が高い人って思ってない？　確かにそれもコミュニケーション力のひとつだけど、それだけじゃないんだよ。コミュニケーションの極意ってのがあるんだ。これを押さえればバッチリだよ。

「コミュニケーション力を考える」

企業が社員に求める1番の能力は「コミュニケーション力」だそうだ。概して、物怖じして人とあまり話が出来ない学生は「自分にはコミュニケーション力がない」と思っている。逆に話題豊富で話し好きな学生は「自分にはコミュニケーション力がある」と思っている。ここで「コミュニケーション力」とは何かを考える必要がある。「人とのコミュニケーションが苦手」な人の事例として「人の話に興味が持てず聞けない」とか「相手の興味と関係なしに一方的に話をする」というのがある。と、なると「コミュニケーション力」というのは「自分の思っている事を発信する表現力」だけではないという事になる。

きっと「相手の話を聞く傾聴力」「その話が分かる理解力」「自分の考えに同調してもらう説得力」「相手の考えに寄り添える協調性」「違う意見も取り込める寛容性」。そういった事も重要になってくる。そう考えると「コミュニケーション力」の第一歩は相手の気持ちを察する力ではないかと僕は思う。いくら美味しい「チョコレート」でもチョコレートが好きでない人にすすめたら、それは迷惑にしかならない。相手の気持ちを考えず「楽しいだろう」「いいことだろう」は押し付けになる危険性があるのだ。うまくいったとしても、それは偶然であって「コミュニケーション力」があるわけではない。当然、相手の気持ちを忖度し、それに従う事がコミュニケーションだとは思えない。相手の考えを理解した上で自分の考えを伝え、議論し、お互いが納得できる結論を導き出す。それが「コミュニケーション力」が高い人の行動。そのための基礎は相手の気持ちを推し量る事。「口下手な学生」も「話し好きな学生」も「コミュニケーション力」を高めたいのであれば、相手の気持ちを理解しようとする努力が必要である。自分の常識が他人の常識だとは限らない！という基本的な考えのもと「相手を理解しよう」としなければ「コミュニケーション力」は鍛えられない。ただ、「口下手な学生」と「話し好きな学生」に大きく違う点がある。それは「口下手な学生」は「コミュニケーション力」を付けたいと思っている事が多いのに対し、「話し好きな学生」は「コミュニケーション力」をすでに持っていると思っている事が多いという事。

まぁ、これは学生だけの話ではないが…。

4-4. 【人の目が気になって仕方がない学生】

Q:幼い頃から「イイ子」に思われようと人の目ばかり気にして生きてきました。だから、僕はいつもオドオドしています。もう、自分が自分じゃないみたいで、こんな自分がとても嫌なんです。自己啓発の本とかも読みましたが全然ダメでした。どうしたらいいんでしょうか?

A：人の目が気になっちゃうんだね。そうなると思い切った事したくても恥ずかしくなっちゃうもんね。君は「カホン」って楽器、知ってる？　僕の友達でそれを上手に叩く奴がいてさ。彼の話をさせてよ。それがケッサクなんだって(笑)…

「自分を変えたい人に！」

「自分を変えたい！」って思っている人がわりと多い。

先日、「幼い頃から人の目を気にして生きてきた」って方の話を聴いた。それまで「いい子」でいようとオドオドと生きてきた。だから「自分が自分じゃないみたいだ」って思っていた。これじゃいけない！「自分を変えたい」って思った。

それで「自己啓発」の本を読んだ。いろんな人の「セミナー」にも参加した。「なんちゃらセラピー」も受けてみた。でもダメ。その時は変わった気がするが、しばらくすると、すぐに戻ってしまう。やっぱり、人の目が気になる。「いい子でいよう！」としてしまう。彼は思う。もう無理だ。そんな事、頭で考えるのは止めよう！

僕は音楽が好きだ。自分を体で表現するんだ。「カホン」というまたがって縁を素手で叩く打楽器を買った。大きな音を出しても迷惑にならない河川敷で叩いていた。思いっ切り叩いて気持ちがよかった。しばらくすると、ある人から「駅前で叩いてみたら？」とアドバイスをもらう。「そうか！」これを人前で叩いたら、何かが変わるかもしれない。

彼は「カホン」を持って駅前に行く。だけど、ここで「カホン」を叩く勇気が出ない。駅前を1時間程うろついた後、勇気を出して「カホン」を叩いてみる。大きな音が駅前に鳴り響く。彼は思いっ切り「カホン」を叩きながら、顔をあげる。駅前には大勢の人がいる。なのに、誰も自分の「カホン」の音なんて気にしていない。ただ、足早に家路を急いでいる。

その時、彼は思った。そうか！誰も僕の事なんか気にしていない。今まで僕はなんで「人の目」を気にしていたんだ！と。人の目ばかりを気にしていた自分がバカらしくなった。

それから、彼は「人の目」が気にならなくなった！と言った。どんな「自己啓発本」や「セミナー」でも変える事のできなかった彼の感覚を、この経験が変えてくれたのだ。なんか、僕はこの話を聴いて「ハッ」とした。

4-5.【何をやってもつまらない！と思ってしまう学生】

Q：友達とどこかへ行っても、何をしていても「つまらない」って思っちゃうんです。はしゃいでいる奴らを見ながら何がそんなに楽しいのかな？って思っちゃう。そりゃ、僕だって楽しみたいですよ。でも、正直、つまらないんです。そう思っちゃうんだもん。しかたないですよね？

A：何をしていてもしらけた感じになっちゃうのかな？　僕の趣味はスキーでね。この前、滑りに行ったんだけど大雪でね。ゲレンデが真っ白でコースも見えなかったんだよ。上手に滑れなくてね。楽しくなかったな。でさ、僕はどうしたらよかったのかを考えてみたんだよ…

「スキーで後傾になると」

僕は毎年、職場の仲間と宿泊でスキー旅行に行く。僕はスキーが上手なわけではないが、仲間とすべて忘れて白銀の世界を滑る爽快感は何物にも代えがたい。数年前、2泊で「舞子スノーリゾート」「石打丸山スキー場」「上越国際スキー場」に行った。特に2日目に滑った「石打丸山スキー場」は、どのゲレンデも僕には滑りやすく当日の天気も良く、自分のスキーが上達したのではないか？と勘違いしてしまう程だった。

一方、最終日は湿った雪が降り続いて、目の前は真っ白。雪面の凹凸がわからないだけでなく、雪壁や空の区別も付きにくい状況になっていた。そういう状況で滑っているとどうなるか？僕の場合、どうしても体が後傾になってしまう。後傾になると、体重がスキー板の後ろの方にかかる。すると、ターンがしにくくなる。ターンがしにくいという事はスピードのコントロールが出来ない！怖くなり、ますます後傾になっていく。そういう悪循環になっていく。

では、天気のいい2日目はどんな感じで滑っていたか？特に急斜面ではまるで前に飛び出すようなつもりでターンをする。スキー板がコントロールできるし、スピードにも対応できる。何より、すごく楽しい。

では、3日目、後傾になってしまっていた僕はどうすればよかったのか？そう、それは怖くてもつらくても、「前のめり」になる事。そうする事で自分はスキー板がコントロールできるようになる。きっと楽しいと思えたハズ。毎年、僕はこのスキー旅行を楽しみにしている。前のめりにこの旅行に参加している。だから、思うように滑られなかった3日目があっても、それもいい思い出として刻んだ。もしこれが、スキー旅行をイヤイヤ参加していたらどうだったろう？ 2日目のスキーですら「疲れた」「しんどかった」と思ったかもしれない。つまり「スキー」も「旅行」も同じなんだ。気持ちが後傾になっているとイベントやスキー板がコントロールできず、とてもつまらないモノになる。楽しむためには怖くても「前のめり」に体を倒していく事！ そうする事で見える景色がガラッと変わる。これを読んでいるあなた！ もしかしたら「仕事」や「学校」、「つらいなぁ」「嫌だなぁ」って思ってない？ みんな同じ。それはきっと、心が後傾になっているから。そんな時こそ！ 勇気を出して「グッ」と前のめりになる。それが出来れば、きっと「違った景色」が見えてくるハズ。

4-6.【人生を変える出会いを待っている学生】

Q：先輩がスゲー人と知り合って人生が変わったって言っていたんですよ。きっと俺もそんな人と出逢えると思うんです。でも、今、俺の周りにはそんな人って全くいなくて、何でですかね？ そんな人ってどこにいるんですか？

A：僕もサ、振り返ると必ず人生の転機には重要な人がいたんだよね。ホントにね。「人生って人との出逢いで出来ている」って思うよ。ただね。きっと「運命の人」ってただブラブラ歩いていただけじゃ見つからないよ。この前、新任の先生がこんな話をしていたんだよ。

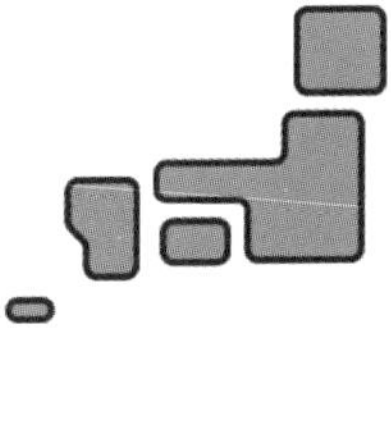

「素敵な人生は…」

先日、僕は勤めている大学の助教に採用された若い研究者と話をした。
「どうして博士課程に進学をしたの？」と質問をしたら、「研究室に所属し、教授と出逢い、もっと研究をしてみたくなったから」と、答えてくれた。そして、博士課程を修了した彼は大学の助教になった。

その彼が【人生は「人との出逢い」で出来ている】と言っていたのだ。彼は研究室で教授に出逢わなければ、きっと博士課程に進学をする事はなかった。博士課程に進学をしなければ、大学の助教になる事もなかったのだ。僕もこれまでの人生を振り返ってみる。すると「大きな転機」には必ず「人」がいた。まさに【人生は「人との出逢い」で出来ている】。そうなると「人生」ってそういう「偶然の積み重ね」で出来ているのか？と思えてくる。

しかし、僕はそれが完全な偶然だとは思えない。あなたはどうしてその「運命の人」に出逢う事が出来たのか？それはあなたがその場所にいたから。僕と話をした若い研究者だって、その「研究室」にいなければ教授と出逢う事は出来なかった。「運命の人」は「心地よいと思う環境」であなたの事を待っている。

だから、あなた自身がそこに所属する事で「運命の人」に出逢う可能性はグッと高まる。街をブラブラ歩いていて「運命の人」に出逢う可能性も「0」ではないが、その期待はかなり薄い。自分が理想とする「心地よい居場所」に「運命の人」がいて、その人が人生を「いい方向」に導いてくれる。きっと、そういう事なんだと思う。その「運命の人」と出逢うための「心地よい居場所」。そこはボヤーッとしていても見付けられない。

　その場所を見付けるためにも、そこに居続けるためにも僕たちには日々の生活での「努力」が必要になる。それは「運命の人」と出逢うために、必要不可欠な事なんだ。素敵な人生に導いてくれる「出逢い」はきっと偶然なんかじゃない。

【素敵な人生を送るには】「出逢い」だけじゃなくて、その可能性をグッとあげる「努力」が必要なんだと思う。

　そうなると【素敵な人生は…】【「出逢い」と「努力」で出来ている】って事になるのかな？

4-7.【納得いかないとすぐ気持ちが凹んでしまう学生】

Q：私は気持ちが繊細だって言われるんです。それは凹みやすいからだと思っています。別に凹みたくて凹んでいるんじゃないんです。でも、納得がいかない事があると、こだわっちゃって凹んじゃうんです。何とかならないでしょうか？

A：納得がいかなくてこだわっちゃうタイプの君に必要なのは「受け入れ力」なんだと思う。急に「受け入れ力」なんて言われても分からないよね。今から伝える「3つの言葉」をメモして、ちょくちょく使ってごらん。「受け入れ力」が上がって凹みにくくなるから。

「気持ちを凹みにくくする3つの言葉」

僕は大学の学生支援センターで働いている。そこに来る悩みを持った若者は気持ちが繊細でとても凹みやすい。そんな学生に僕がする話がある。それが「気持ちが凹みにくくなる3つの言葉」だ。「失敗しちゃった」「いいんじゃないの?」「しょうがないじゃん」。これらの言葉を使って「受け入れ力」を高められれば、気持ちは凹みにくくなる。

まず「失敗しちゃった!」。これが素直に言えるととてもいい。失敗を恐れずに認める事が出来る人は、失敗から学ぶ姿勢を持っている。失敗を自分の成長の一部ととらえ、次へのステップとする。

例えば、仕事でミスをした場合でも「失敗しちゃった」とミスを素直に認めて、改善策を考える。その姿勢は、周りから信頼を得る事にもつながる。凹みにくい人は、失敗を恥ずかしい事と感じるのではなく、自分にとってプラスになる経験と考えられるんだと思う。

次に、「いいんじゃないの?」。これは、自分の意見とは違う周りの人の意見を尊重できる人が持つ言葉だと僕は思う。自分にしっかりと軸を持っているからこそ、相手の考えを受け入れる事が出来る。たとえ自分と違う意見であっても、「いいんじゃないの?」と受け止められれば、新たな視点が得られる。この柔軟性が、人間関係を円滑にし、より豊かなコミュニケーションを生むと思う。最後は、「しょうがないじゃん」。凹みにくい人は心の柔軟性を持っている。物事が計画通りに進まない時や予期せぬトラブルに直面した時でも、固執せずに状況を受け入れる事が出来る。例えば、天候の変化や予定外の出来事が起きた時にそれを受け入れて、次の行動に移す事が出来るのが素晴らしい。「こうでなければならない」という固定観念に縛られず、柔軟に対応するためにも「しょうがないじゃん」って言ってみるといい。こんな感じで凹みにくい人は「受け入れ力が高い人」だと僕は思っている。「失敗を恐れずに受け入れ」「他者の意見を尊重し」「予期せぬ出来事にも柔軟に対応」できる。これらの力を「失敗しちゃった」「いいんじゃないの?」「しょうがないじゃん」を言う事で獲得できると思う。その時、大切なのは「自分自身を信じ」「相手を尊重し」「状況に柔軟に対応する姿勢を持つ」事である。それが心を強くし、より豊かな人生を築く鍵となると僕は思っている。

4-8.【友達の何気ない言葉に傷ついてしまう学生】

Q：悪気はないってわかっているんだけど、友達の言葉にショックを受けて傷ついてしまうんです。なんでそんな事、言うの？って。私はとても弱いからつらくて仕方ないんです。もっと強くなりたいです。

A：そうなんだね。君はとても優しいんだね。弱くていいじゃん。つらくなったらサ。ここに話においでよ。僕だっていつも笑っているように見えているだろうけど、つらいなって思う事もあるんだよ。君もそんな時はここを居場所にして欲しいなって思っているんだ。

「人は弱くたっていい」

「人は弱くたっていい！」といかりや長介さんは教えてくれた。人はもともと弱い生き物なのに、心の苦しみから逃れるために強くなろうとする。強くなるためには痛みに鈍感にならなくてはならない。痛みに敏感だと心の痛さを強く感じてしまうから。ただ、心の痛みに鈍感になると相手の痛みにも鈍感になってしまう。それはつまり、人としての優しさを失っていく事を意味している。僕はやっぱり優しくいたいって思う。上手にできない事も多いケド、その気持ちは失くしたくないと思っている。だから、優しさを失ってしまうくらいなら、痛みに敏感でかまわない。

僕自身、とても弱い。細かなひとつひとつに敏感に反応して、すぐ凹む。でも、それを悟られまいと必死で笑顔をつくって話している。きっと、そんな人って僕だけじゃない。だから、痛みに敏感な人こそ、その「無理」をためておく心の容器の大きさが必要。その容量が少ないと、すぐに笑えなくなってしまう。だけど、どんなに大きな容器を持っている人でも溜まっていくばかりだと、いつかは限界がやってくる。そうなると、今度は誰でも「無理」をどこか外に出さないといけない。でも、それが「あまり上手じゃない」って人も多い。「無理」の出し方。この部分が「弱い人が笑える秘訣」なんだ！ と気が付いた。やっぱり、その時に大切になってくるのが信頼できる誰かだ。それは僕がよく言っている居場所なんだと思う。

僕自身、すごく弱い。そんな僕も仲間に入れてもらい、みんながみんなで支えあって生きていく。みんなで「居場所」をつくっていく。人は強くなろうと、痛みに鈍感になる必要はない。痛みに敏感で弱いままでいい。実は人って笑顔でいる人も弱い。そんな人がたくさんいる。

弱い人が強くならなくたっていい。そんな弱い人たちがお互いに支えあって居場所をつくり、手を取り合っていく社会。実はそれが理想の社会なのかもしれない。

そう…いかりやさんが僕に教えてくれた。

4-9.【人と違う事に不安を感じている学生】

Q：僕は自分のしたい事をやっているとみんなに「それ変だよ」とか言われるんです。最近はあまりにも言われるので「自分が変わっているんだ」って思うようになりました。でも、好きなものは好きなんです。みんなと違う事ってよくない事なんですか？

A：僕もさ、一生懸命！ YouTube動画をアップしているんだけど、チャンネル登録が増えないんだよね。でもね。僕の伝えたい事はこれなんだ！ と思っているから変えるつもりはないよ。今、僕はきっと「人生の11時台」にいるんだ。僕は絶対！ 自分の「時」が来るって信じている。

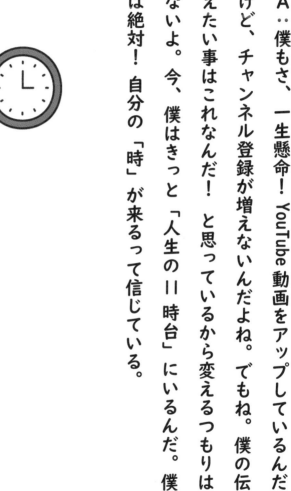

「その時きっと鐘が鳴る」

以前聴いた「未来は変える事は出来ないけれど、過去は変える事が出来る」という西野亮廣さん（キングコング）のスピーチと「今を変える事は出来ないけれど、明日は今から変える事が出来る」という僕の話。逆のように聞こえるけれど、どちらもタイトルは「人生に失敗など存在しない」なんだと、エッセイに書いた。

そのスピーチで最後に西野さんは「時計の話」をしていた。

【時計の長針と短針は約1時間ごとに重なるんです。でも、11時台だけは重ならない。針が再び重なるのは鐘の鳴る12時。誰でも報われない時間帯（11時台）はある。しかし、針は必ず重なると信じて欲しい。信じれば、いつかきっと「鐘」がなる】。

僕も時計の事を書いた事がある。それは「遅れる時計と止まった時計」。「遅れる時計」はいつまで経っても正確な時刻にはならない。ただ、「止まった時計」は1日に2度だけ、正確な時刻になる。流行を追いかけているのでは、時代に追い付けない。誰かの意見に追従しているのでは、自分の進むべき方向が定まらない。僕はじっとこの「エッセイ」に立ち続け、愚直に自分の考えを伝え続ける。

YouTubeを始めたが、チャンネル登録者は伸びない。ただ、僕が勝負するなら何十年も磨き続けたこの「エッセイ」しかない。きっと、人生の11時台を過ごしているのは僕だけじゃない。みんな頑張っていこう！ その場に立ち続けるのは勇気がいる事だと思う。

今、その場所は時代とのズレがあるかもしれない。

でも、「自分」と「自分の武器」を信じて欲しい！

いつか、その場所は必ずビタッと正確な時を刻む。そして、その時きっとあなたの頭上で「鐘」が鳴る。

4-10・【高い壁に阻まれて下を向く学生】

Q：僕の目の前には大きく高い壁があるんです。ジャンプしても届かないし、ツルツルで登る事もできません。僕だけ独りここに取り残されているんです。つらくて仕方ない。いっそ、下の崖に落ちたら楽になれるかな？　なんて思ってしまうんです。こんな僕はどうしたらいいのでしょうか？

A：今、君は独りで大きく高い壁の前で下を向いている感じなんだね。そりゃ、みんながいるその壁の向こうに君も行きたいよね。僕はね、すごく簡単な方法でこの壁の向こうに行く方法を知っているんだ。その方法を聞いてみる？　それはね…

「高い壁の向こうに行く方法」

自分の目の前に「高い壁」がある。後ろは「崖」になっている。「高い壁」の向こうに行きたいが、ハシゴもなければ、台もない。壁はツルツルで登るにも登れない。周りには誰もいない。どうしようもない。僕は立ちすくむ。黙って下を向く。「どうしようもない」絶望を感じる。こんな状態なら「崖」から飛び降りてしまいたい。

皆さんはそんなふうに感じてしまった事はないだろうか？ でも、僕は知っている。そんな時、その「高い壁」の向こうに行く方法がある事を！ 僕はその方法を教えてもらったんだ。

皆さんも方法を覚えて、今「絶望」を感じている人に伝えて欲しい。とても簡単な事。実はなんと！ 目の前の「高い壁」には「扉」あるんだ。「え！ そんなのはない！ 「壁」はツルツルでどこにも「扉」なんかない」。絶望を感じている人は必ずそう言う。確かにね。「こちらからは見えない。だって、その扉のこちら側に「ノブ」はない」。だから、キミには全く分からない。「扉があったって見えなきゃ意味がないじゃないか！」。そう言いたくもなるだろう。でも、扉の向こうにはたくさん人がいる。キミは独りじゃない！ いいかい、ここがポイントだ。よ～く聴いて欲しい。「高い壁」の向こうに行くためにキミがすべき事！

それは「大声」で「助けてください！」と叫ぶ事。これまでキミは「助けてください！」って大声で叫んだ事があったかい？「助けてください！」って叫べば「高い壁」の向こうにいる人たちも「キミ」が苦しんでいる事に気付く。そして、壁の向こうには「ノブ」がついた「扉」があるんだ。さぁ、勇気を出して「助けて！」って叫ぶんだよ。みんなに聴こえるように。そうしたら、きっと「高い壁」の扉がゆっくり開く。キミはそこを通って壁の向こうに行けるんだ！

黙って立ちすくんでいたら、誰もキミの苦しみに気付かない。「助けて！」って叫ぶ勇気。

それが「高い壁」の向こうに行く方法。それを覚えていて欲しい。

第五章

【前向きな「なるほど」が必要な君に…】

5－1．【励まし方がわからなくて悩んでいる学生】

Q：この前、失敗を不安がっている友達に「成功する事を想像してやってみたらいいよ！」なんてアドバイスしてみたんです。そうしたら「私はそんなふうにはなれない」って言って泣かれちゃったんですよ。彼女にはどんなに明るい言葉をかけてもダメなんです。どうしてあげたらいいんでしょうか？

A：友達への声掛けだよね。難しいね。僕も今でも悩む事あるよ。君は優しいね。「北風と太陽」ってイソップ童話を知ってる？　君は友達に明るく楽しく声をかけて励ましてあげているんだよね。まさに太陽だ。でもね。太陽も失敗しちゃう事があるんだよね。それはなんでだと思う？

「太陽の失敗」

僕は大学の学生支援センターで多くの学生の相談を受けている。すごく悩んでいる学生も学生支援センターで少し話をするだけでにこやかに出ていく事がある。僕が「何をしたのか?」と言えば、彼の話を聴いただけ。彼は自分の悩みを話す事で自分の中で問題を整理して「聴いてくれる人がいる」という安心感で学生支援センターを出ていくのだ。

そうかと思えば全く話せない学生もいる。「つらい気持ちはあるが、どうしていいか分からない」。「独りでいるのは寂しいが、人といるのは煩わしい」。「動きたいけど、動けない」。そんな学生に対して、僕は何をしてあげればいいのか? 有名なイソップ童話に「北風と太陽」がある。旅人の服を脱がすために北風と太陽が勝負をする。全く話せない学生もやっぱり「居場所」を求めている旅人。たった1つでも「居場所」があれば、彼はトンネルから抜け出せるかもしれない。学生支援を始めたばかりの頃の僕は「つらい気持ちはあるが、どうしていいかわからない学生」に対して、いろんな選択肢を与え、ポジティブな言葉をたくさん伝え、励ました。動けない学生に対して、それを罵倒して、そんなんじゃダメだろ! と言うのが「北風」の方法だとすれば、笑顔で前向きな選択肢をたくさん伝えるその方法は「太陽」の方法。でもここに「太陽の失敗」がある。

今の僕はその太陽のやり方すら間違いなのだと知っている。それが「光と影」だ。今、動けない学生にガンガン「光」をあてると、どうなるか？　そうすると「影」がドンドンと濃くなっていく。まだこちらを向けてない学生に対し、背中から北風を吹かせたら離れていくが、その背中に「太陽」を当てても、後ろを向いている学生に見えるのは濃くなっていく自分の影だけなのだ。

では、どうしたらいいのか？　「つらい気持ちはあるが、どうしていいかわからない学生」に対して出来るのは「彼が話し出すのを待つ」事だ。動けない学生には「北風」でも「太陽」でもない方法が必要だ。それはその旅人と一緒にいる事。何も言わなくていい。ただ、寄り添う事。彼はまだ「服」を脱ぐ段階ではないのだ。

まずはこちらを向いてもらわなければ、「北風」と同じように「太陽」だって「失敗」してしまう。

5-2.【意識しても第一印象が悪い学生】

Q：僕は人に会ったらニコニコするようにしているんです。それでも、第一印象が悪いって言われちゃうんですよねぇ～。どうしてですかね？ 何がいけないんでしょうか？ こんな僕でも第一印象をよくする方法ってありますか？

A：君は人に会ったら笑顔でいるようにしているんだ。それなのに第一印象が悪いって言われちゃうんだね。そういう事ってあるんだよ。不思議だなぁ～って思うよね。それはね。動物としての本能が邪魔をしているんだ。第一印象をよくする簡単な方法、それはね…

「第一印象をよくするには」

家にゴキブリが出ると、よく見たわけでもないのに「キャー！」って悲鳴をあげる人がいる。これはもう反射。頭では判断していない。何か黒いモノがゴソゴソって動いたっていうだけで恐怖を感じている。怖がり過ぎだよ！と思ったりもするが、それが動物としての本能だ！と聴いた事がある。広大なサバンナでライオンをチラッとでも見たシマウマは猛スピードで逃げ出す！そんなシーンを見た事はないだろうか？それと同じなのだ。

僕達は「ゴキブリ」や「ライオン」とは逆で相手に「好印象」を持ってもらいたい。いきなり悲鳴をあげられたり、逃げられたりしたらつらい。「好印象」を持ってもらう方が、その後のコミュニケーションが取りやすいのは間違いない。人に好印象を持ってもらうために大切な事。

それは「話し方」よりも「聴き方」だ！相手の目を見て話を聴く。納得した時は大きくうなずく。身振り手振りで共感を伝える。それが出来れば、相手に「好印象」を与えられる。営業の神様や接客業のプロはたいてい「聞き上手」。でも、中には目を見て、大きくうなずいて、共感をしても、好印象を持ってもらえない人がいる。どうしてだろうか？

ここで、動物としての「本能」の話を思い出して欲しい。「聞き上手」が相手に認められるのは第二段階目。人は会って0.2秒で第一印象が決まるという。つまり、それは頭で判断するのではなく「反射」だ。0.2秒の「反射」ですでに「怪しい」と思われてしまっている。そう書いたら「もう、それじゃ仕方ないじゃん！」って思うかもしれない。人が会って0.2秒の「反射」で「印象」を決めるポイントは何か？それは表情。

やっぱり「ニコッ」と笑顔の人は印象がよくなる。「ブスッ」としていたら印象は悪い。でも、彼は言う。「人に会う時は笑顔になっているよ」って。それじゃダメなんだ！遅い！0.2秒の第一印象。それに対応するためにはいつも「笑顔」でいる事が大切！初めから「笑顔」でいないと0.2秒の本能にスピードがついていけない。僕達は「ゴキブリ」や「ライオン」にならないように、明日から普段の「笑顔」を意識してみたらどうだろう？

人からの第一印象がガラッと変わるハズである。

5-3.【いいエントリーシートが書けない学生】

Q：就職活動がうまくいきません。もう5社とも書類選考で不合格になってしまっています。つらいんです。いいエントリーシートが書けないのです。何を書いたらいいエントリーシートになるんですか？ 教えてください。

A：ちょっと、君のエントリーシートを見せてよ。おお！すごいね。成績も優秀…　バイトリーダーもしているんだ。でも、これじゃ不合格になっちゃうよ。エントリーシートを書くためには「自己分析」が大切でね。このエントリーシートには重要な部分が抜けているんだよ。

「就職内定を獲得するために」

僕は就活生（就職活動をしている学生）の指導を15年近くしている。

皆さんは就職内定を獲得するためには何が必要だと思うだろうか？　まず就活生はエントリーシート（ＥＳ）を企業に提出する。それが通ると企業との面談になる。そこで、僕はＥＳの添削や模擬面談を行い、彼らの支援をしていく。その指導の中で彼らは「自分がどれだけすごいか」をアピールしようとする。

そんな彼らに僕は「それじゃ内定を獲得できないよ」と伝える事がある。不思議顔の彼らに僕は言うのだ。もっともっと「自己分析」をしなくっちゃやって。僕は就職活動期間が人間的に成長するとても重要な時期だと思っている。

なぜなら、これほど「自己分析」をじっくりする期間って他にはないだろうから。自分のキラキラなエピソードばかり「ＥＳ」に書いて「面談」で話す就活生。彼らに僕は言う。「自己分析」っていうのは成功体験を集める事じゃないんだよって。大切なのは「自分を見つめ直す事」。そして、「ありのままの自分を知る事」。それが「自己分析」。それができて就職内定に近付いていく。人は誰も「カッコいい自分」「よくできる自分」だけじゃない。「カッコ悪い自分」「出来ない自分」がいて当たり前。そこを認めていく事！　それがとても大切。「自己分析」ではむしろそちらが重要だと僕は思っている。キラキラエピソードだけを集めても就職内定には近付かない。

いいんだよ。きっと、人の「強み」って自分の「弱いところ」を理解し認め、自分の「弱さ」をジックリ見つめ直して、それを「克服」しようと努力するところにあるんだから。僕はそう就活生たちに語る。

ほら！「弱い」っていう漢字をよ〜〜く見てごらん。「弱さ」の中には「羽」がある。キミがちゃんと「自己分析」をして「カッコ悪い自分」「出来ない自分」を見付ける事ができれば、その羽を使って大きく羽ばたける。

「弱い自分」を認める事ができればキミはもっと強くなる。それが就職内定を獲得するために必要な事なんだ。

5-4.【女性にモテないとグチを言う学生】

Q：僕って、カッコよくもないし、面白い話もできないし、全然モテないんですよ。どうしたら、こんな僕でもモテるようになりますか？　たくさんの人に相談したけど、解決策なんてなくて。どうしたらいいか分からないんです。僕はモテたいんです！　教えてください。

A：そか、モテないんだ。寂しいよね。もしサ、ラーメン屋さんがあって「うちはチャーシューもパサパサで、スープも薄い。不味いよ！」と言っていたら、そのラーメン屋さんに入る？　入らないでしょ。きっと、僕はそこにヒントがあると思うんだ。

「キミがモテない理由」

僕が「エッセイ」を書き始めたのは20代後半だ。その頃の文章を読むと「モテない自分を憂いている」モノがある。

先日「モテる人の理由」って話を聞いた。皆さんはモテる人の理由ってなんだと思いますか？　イケメン？　優しい？　素直？　頑張っている？　確かにそういう人はモテると思うが、究極のモテる理由は「モテる事」なんだそうだ！　何言ってるの？　と思うかもしれないが、モテる理由は「モテている事自体」なんだ。

その人がイケメンじゃなくても、優しくなくてもモテる人はモテる。なんか、にわかには信じられないが…。美味しい！　と評判のラーメン屋さんがそんなに美味しくなくても流行るのと同じだ。人の感覚はまわりの評判で変わってきてしまう。ムチャクチャ美味しいラーメンを出していたとしても「まずい！　まずい！」と店主が言っていたら、そのラーメン屋さんにお客さんは入らない。そりゃそうだろう。モテてない人は「モテている」とは言いにくいが、あえて「モテていない」事を伝えるのはラーメン屋さんが「まずい」と言っているようなもので、お客さんが来なくなるのは当然だ。

僕はこの年になって、僕がモテなかった理由が分かった。でも、これは「モテる・モテない」だけの話じゃない。「まずいと評判が立ったラーメン屋さんにはお客さんが来ない。」「モテないと自分から言っている人はモテるはずがない。」のと、同じように「つまらない」「だるい」「楽しくない」と愚痴や不平不満ばかりを言っている人の周りに明るい人が集まってくるハズがない。

　モテていなくてもモテているような雰囲気を持てれば、状況は好転していく。少々自信のないラーメンでも、にこやかに「美味しいよ～」って言っていれば、お客さんは入ってくる。落ち込んだ気分の朝でも、あえて明るく、みんなに「おはよう！」と言ってみる。そうする事で、きっと、あなたの周りには元気で明るい人が集まってくる。

　類は友を呼ぶ！って、きっとそういう事。

　キミの明るい「おはよう！」がキミの輝く未来を連れてくる。

プチ信の部屋

↓YOUTUBE動画こちらから↓

5-5.【友達とどうしても意見が合わない学生】

Q：どう考えても俺の意見は絶対に正しいんですよ。あいつ常識外れなんです。だから、どれだけ話したって、話がまとまるハズがない。まったく話し合いにならないんです。ああいう「わからずや」を説得するためにはどうしたらいいですか？

A：きっと、相手だって同じ事を思っているよ。それじゃどれだけ話し合ったって結論はでないよね。みんな自分が言っている事が正しいって思っているんだもん。だけど、そんな時「理解しようとする努力」を惜しんじゃいけないよ。こうしたらどうだろうか？

「■に見えるか●に見えるか」

「この形は何ですか?」と聴かれて「■」こう見えた人は「四角」と答える。でも「●」こう見えた人は「丸」と答える。

もし、その2人が同じモノを見ているのだとしたら「四角」と答えた人は「丸」と答えた人に「おかしいんじゃないの?」なんて言っちゃう。そんな事、起こるハズがないと思うかもしれないが、こういう事が日常生活ではよく起こる。ここで、忘れちゃならないのは「誰でも自分が言っている事は正しい」と思っているという事。正しい事を言っているのは実は自分だけじゃないのに。自分と意見が違う人がいると、それがお互いに信じられない。そこでいさかいが起こったりする。

だから、大切なのは「相手の考えを理解する努力」をするって事。「■」に見えている人が「あの人が「●」って言っているから我慢して「丸」と言っておこう!」というのとは違う。それをやっていくと、どこかで必ず限界がやってくる。「理解しようとする事」と「我慢する事」は大きく違うんだ。じゃ、「理解するため」にはどうすればいいのか? そのために僕たちがすべき事。それは「コミュニケーション」。「どうしてあなたは「丸」に見えるのか?」とたずねる。それが「相手の考えを理解する努力」だ。話し合っても堂々巡りかもしれない。話をしても自分には「■」にしか見えない。でも、彼は「●」に見える! と言う。

その時にやって欲しいのは「視点を変える」事だ。つまり、相手側に立って「理解する努力をする」事。こっちの側からではどうしても「■」にしか見えない物体を彼は「●」だと言う。どれだけ話し合っても理解できない。そんな時は「彼からはどう見えているんだろう？」と動き出す。相手の立場になって、もう一度、それを見てみる。そうすると、きっと、初めて気が付く事がある。

あッ！　そうか！　「僕らが見ていたこれって「円柱」だったんだ」って。僕は真横から見ていたから「■」にしか見えなかったけど、彼は真上から見ていたから「●」に見えていたんだ。

視点を変える事で必ず新たな気付きがある。話し合いではどうしても理解できない事でも、視点を変えると「■」が「●」に見えてくるかもしれませんよ。

5-6．【チャンスが来ずに焦ってしまう学生】

Q：この前、同じ研究室の友達が学会発表をしたんです。でも、僕はまだ学会発表をした事がないんです。一度もですよ。自分だけ取り残された気がして焦っちゃいます。今、僕は何をしたらいいんでしょうか？

Ａ：そうか。それは焦っちゃうよね。でも大丈夫！　必ず学会発表をするタイミングが来るから。その時に最大の力が発揮できるように今は知識を吸収して実力を付けていけばいいんだよ。「蛇ににらまれた蛙」って「ことわざ」知ってる？

「蛇ににらまれた蛙」

「蛇ににらまれた蛙」ということわざを知っているだろうか？

きっと、恐怖ですくみあがって身動きがとれなくなってしまった蛙を想像するだろう。「そりゃ、蛙はそうなっちゃうんだろうな」と僕も思っていた。

しかし、蛇と対峙している時の蛙は身動きがとれなくなったわけではなく、虎視眈々とチャンスを狙っていた！と京都大学の研究チームが発表したというのだ。蛙の逃げ方の特徴は大ジャンプだ。ただ、このジャンプには弱点がある。それは飛んでしまったら方向転換ができないという事。蛇が飛びかかってくる前にジャンプをしてしまったら、落ちるところを待ち構えられ、捕食されてしまう。

そこで蛙が狙うのは蛇が飛びかかってきた瞬間だ。その時に大きくジャンプをする事でその危険地帯から脱出する事ができる。蛇ににらまれた蛙は神経を研ぎ澄まし、その蛇の動きを観察している。その姿はまるで身動きがとれないように見えるが違うんだ。そこがまさに生死を分ける瞬間。蛙が一番集中している時なんだ。僕らにも人生において、とても重要な場面が訪れる。

その時に僕らはどのような行動がとれるだろうか？周りの状況をよく観察してタイミングよく次の手をうつ事が出来ているだろうか？焦って早く動いてしまう事で勘違いが起こり、取り返しのつかない状況になってしまった！なんて事はないか？

思考停止のままボーっとしてしまい、そのまま飲み込まれてしまってはいないか？大切なのは神経を研ぎ澄まし情報収集を行い、それを最適なタイミングで出していく事。でも、そのタイミングがなかなか難しい。

それが自分では上手に出来ている！なんて思っている人が、実は嫌われてしまっていたり、相手にされていなかったりしてはいないか？その瞬間を見極める力ってホントに重要で、正直、僕自身、何度も失敗している。そんな、うまくいかない僕はどうしたらいいのか？う～ん。何度も修羅場を潜り抜けてきた蛙師匠にタイミングを伝授してもらう必要があるのかもしれない。

そう！僕自身が「井の中の蛙」にならないために。

5-7.【やる事が多くて途方にくれている学生】

Q：授業もあるし、宿題も出るし、部活もあるし、アルバイトもあるし…。ほんとにやる事がいっぱいでどれから手を付けていいかわかりません。僕のゴールは水平線の彼方なんじゃないかって途方にくれています。

A：充実しているね。それって大活躍しているっていうんだよ(笑)な～んて思えたらいいんだけど、やる事がいっぱいで焦っちゃうよね。でもね。大切なのは出来る事をまずは着実にやっていく事なんだよ。水平線までの距離ってどれくらいあるか知ってる？

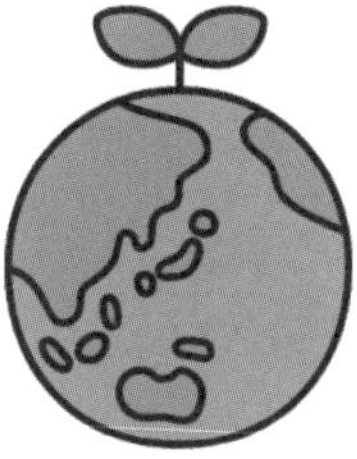

「水平線の向こう側」

小学生の頃、８月下旬になって「夏休みの宿題」がいっぱい残っていて唖然とした経験がある。今でも数日年休をもらった後、出勤した時のデスクに置いてある仕事の量に驚愕する。

コロンブスは「地球は丸い」と信じて西へ進み、アメリカ大陸を発見した。では、なぜコロンブスが「地球は丸い」と思っていたのか？　それは、子どもの頃、港から出て行く船が沖に出ると最後はマストしか見えなくなる事かららしい（小学生の頃「漫画偉人伝」みたいなので読んだ）。「水平線の向こう側」なんて言葉をよく耳にする。また、「宿題」や「仕事」が山積していると「水平線の彼方」にゴールがあるのではないかと思ってしまう。そこで考える。

僕らは水平線ってどこまで見えているんだろうか？

地球は１周４万kmだから、これを 3.14 で割り、それを2で割ると、地球の半径が出る。約6,370 km。１５０cmの目線から水平線を見た場合「約6,370 km」「約6,370 km＋１５０cm」「水平線までの距離」という3辺で出来た直角三角形が出来る。これを（懐かしい）三平方の定理に入れると水平線までの距離は 4,3713… kmとなる。つまり、遠いと思っていた水平線の距離は約 4.4 kmしかないんだ（その事を演劇のセリフで知った）。

なんか驚き！　きっと「宿題」「仕事」も一緒。途方もなく遠いと思っていた事も具体的に優先順位をつけてやりだしてしまえば、思ったより早く済む。人間は思いもよらない不幸に遭遇した時、その解決は不可能だと思ってしまう事がある。

しかし、着実に論理立てて考えていけば、解決の糸口はすぐそこにあったりする。

「水平線の向こう側」は4.4㎞先なのだから…。

「途方に暮れる」前に「動き出す事」が大切だと思う。

5-8. 【生まれて来なければよかったと言う学生】

Q：生きていても全く幸せを感じないんです。こんな事なら生まれて来なかった方がよかったって思っちゃいます。僕なんて生きている価値がないんです。こんな僕はどうしたら自分に価値があるって思えるんですか？

A：君は僕の宝物だよ。生まれて来なければよかったなんて人はどこにもいないんだよ。人はどんな状況であっても、どんな境遇であっても幸せを感じる事ができるから。そのためにするといい事があるんだよ。簡単な事だからやってみてよ。

「幸せを感じない人がすべき事」

僕に「生まれて来なければよかった」と言う学生がいる。「どうしてそう思うのか？」を尋ねると「僕なんか生きている価値がない」と下をむく。僕はそんな彼らに「君は僕の宝物だ」と伝え続けている。「僕の宝物」には価値がある！と彼らにそう話す。僕たちは誰でも幸せになるために生まれてきた。そう伝えても「僕は幸せじゃない」と言う。それでも僕は「人はどんな状況であっても、どんな境遇であっても幸せを感じる事ができる」と思っている。

どうしたら人は「幸せ」を感じるのだろうか？その答えを僕は知っている。人が幸せを感じるのは「自分の存在」を他人から認められた時。逆に言うと存在を認めてもらえないと「価値がない」と思い幸せを感じる事ができない。そうなると「生まれて来なければよかった」と思えてしまう。そうならないためには「自分の存在」を他人から認めてもらう必要がある。では、どうしたら存在を認めてもらえるのか？その答えは簡単だ。「有難う」を言ってもらう！僕はそれを学生達に伝える。人から感謝される事。

僕はそれが「存在を認めてもらう事」だと思っている。だから、人から「感謝」されない人生を送っている人は「幸福感」を得られない。では、どうしたら「感謝」をしてもらえるのか。大きな事を言えば「自分の得意な事で社会に貢献する」だ。野球が得意なら「プロ野球の選手」になればいい。エンジニアであれば新しい物を開発したり、物を作ったりすればいい。人と話すのが得意なら…etc.だ。そう伝えると学生達はいう。「僕はまだ仕事してないから…」。仕事なんてしなくても、人に感謝してもらえる方法はたくさんある。「ボランティア活動をする」「地域清掃をする」それでも話が大きければ「親の手伝いをする」「友達の相談にのる」など「有難う」を言ってもらえる活動なんて、どんな状況であっても、どんな境遇であっても、どれだけでもある。「有難う」を言ってもらえる事で自分の存在が「価値」になれば「幸福感」が得られる。まずはささいな事でかまわない。誰かから「有難う」を言ってもらえる行動をとって欲しい。

さて！僕に「有難う」を言ってもらいたい君にとっておきの情報を教えよう。

そう！僕は「シュークリーム」が大好きだ（笑）

5-9. 【元気のない友達を笑顔にしたい学生】

Q：笑顔が素敵な友達がいるんです。でも、最近、彼女が笑ってなくて。私は笑っていて欲しいんですけど、下手に話しかけたらかえって落ち込ませちゃうんじゃないかって怖くなっちゃいます。どんな感じで話しかけたらいいと思いますか？

A：そういう事あるよね。この前、僕も忙しくてバタバタしていてね。怖い顔をしていたと思うんだ。そんな時に友達が笑いながらかけてくれた言葉に救われたんだよ。あれは嬉しかったなぁ～。笑顔でこんな言葉をかけてあげたらどうかな？ 参考にしてみて。

「凹んだ人にかける言葉」

僕は以前、忙しくてバタバタしている時に仲間から「大活躍だね」と言われ、ホッコリした経験があった。そんな感じで皆さんもちょっとした声掛けで救われた経験はないだろうか？

そこで、今回は凹んでいる人が笑顔になれる楽しい言葉ってないかな？と考えてみた。

例えば「疲れ切ってしまっている人」に「すごく充実したんだね」って声をかけてみるって感じだ。そう言われるとヘトヘトになっていても「そうか！充実していたんだ！」って、気持ちが前向きになれる気がする。どうだろう？「失敗をしてしまった人」に「チャレンジした証拠じゃん！」って言ってあげるなんてのは？決して「失敗」は悪い事じゃないんだ！なぜならそれは成功に近付く一歩だから。僕はホントにそう思っている。

他には「もう無理だ！」って思っている人に「ここから伝説が始まる！」なんて言ってあげてはどうだろう？まるでドラゴンクエストみたいな声かけ（笑）それだけでも楽しい！「無理だ！」って思ってからが本番！心の中でドラクエのBGMが流れて「【ここから自分の伝説が始まる】なら頑張れちゃうかな？」って思えそう。

「トラブルばっかり起こっちゃうって人」には「もしかして主人公？」なんて言って

あげるのはどうだろうか？ ドラマなんかを見ていると、いつも不思議と主人公には思いもしないようなトラブルが起こる。こんなにいろんなトラブルが起こっているのは「君が主人公だからだよ（笑）」。

「神様は乗り越えられる試練しか与えない」なんて話もある。きっと、君ならそのトラブルを解決する事ができる！ だって君は主人公なんだから。「さぁ！ どうだろう？」近くに心が凹んでしまっている仲間がいたら、こんな感じでぜひ声掛けをしてあげて欲しい。

それを聴いた仲間の笑顔を見る事ができたら、あなた自身の気持ちも絶対、明るくなれるハズだから。

仲間の笑顔は僕たちに幸せを運んできてくれる。

5-10・【孤独を感じ相談できる居場所がない学生】

Q：悩みがいつも頭の中をループして考えが全くまとまらないんです。家族や友達には迷惑をかけられないから相談もできない。明確なアドバイスなんてなくてもいいんです。ただ僕は誰かに話を聞いてもらいたいだけなんです。つらい。いつも孤独なんです。そんな心のモヤモヤを聞いてもらえますか？

A：ありがとう。僕に聞かせて。家族や友達にも相談できないんだね。僕は悩んでいる学生の「居場所」になりたいっていつも思っている。みんなが悩みを抱えた時「孤独」を感じないように。孤独になるとつらいもんね。来てくれてありがとう。話してくれて僕はホントに嬉しいよ。

「君の居場所になりたい」

悩んでいる事、それが誰にも話せない。自分の周りの人はその悩みに関係がある人。家族には心配はかけられない。だから、誰にも話せない。そうして「孤独」を感じる。「孤独」になると考えがまとまらない。その悩みが頭の中でずっとループしている。皆さんはこんな経験はないだろうか？　だから「ボソッ」と心のモヤモヤがつぶやける「居場所」が欲しい。答えを求めているわけじゃない。聴いてくれる人がいるっていうだけで「孤独」じゃなくなる。「伝える」だけで頭が整理される。それだけでいい。僕は大学の「学生支援センター」というところに勤めている。そこにはいろんな悩みを抱えた学生がやってくる。

先日、学部４年生が「大学院に進学を考えているが、その際、研究室を変更しようか悩んでいる」とやって来た。僕はこれまで学生をみてきた経験から研究室を変更した時の「メリット・デメリット」を伝える。それを聴くと、彼はいろんな話をしてくれた。そして、僕はその話を聴いた後、こう言う。「最後は自分で決める事。そして、その決断が１番よかったと信じる事」。僕は悩んでいる学生に最後、必ずそう言うようにしている。彼は「ありがとうございました」と言って部屋を出ていった。僕は悩んでいる学生の「居場所」になりたい。彼らが悩みを抱えた時「孤独」を感じないように。僕はYouTubeに「動画」をあげたり「YouTubeライブ」をしたりしている。

始めたばかりの頃は僕の「動画」などを見て「楽しいなぁ～」「いい事聴いたなぁ～」って思ってもらえたら嬉しい！と、それだけを思っていた。しかし、最近はそれとは違う「重要な意味」に気が付いた。悩みを抱えていても「学生支援センター」に来られない学生はたくさんいる。でも、彼らにだって「居場所」が必要。「孤独」なんていらない。そんな時、きっと「YouTubeチャンネル」は誰かの「居場所」になれる。悩んで、誰にも話せない人は「孤独」を感じている。悩みが頭の中でループする。だから「ボソッ」と心のモヤモヤがつぶやける「居場所」が欲しい。聴いてくれる人がいるっていうだけで「孤独」じゃなくなる。僕のYouTubeの「動画コメント」「ライブチャット」に悩んでいる方が「ボソッ」と心のモヤモヤをつぶやいてくれる。僕は「YouTubeチャンネル」をそんな人達の「居場所」にしたいと思っている。

だから、僕は「心のモヤモヤをつぶやいてくれた人達」に伝えたい！

「この後、あなたが出すその決断がベストだ！」と。

【あとがき】

本書【ひろのぶ先生が伝え続けている生きる力がわく話～相談室に来てくれた50人の悩める学生たちへ～】を、最後まで読んでいただき、心から感謝申し上げます。このエッセイ集を通じて、僕が長年、学生支援センターで経験してきた事や、若者たちとの対話の中で感じてきた思いを、皆さんと共有できた事をとても嬉しく思っています。

このエッセイ集で僕が一番伝えたかったのは、若者が抱える孤独や不安、そして彼らが感じる「居場所のなさ」という深い悩みへの共感です。

僕自身も学生たちの相談を聞く中で、彼らの思いが僕の中に入り込み、何度も彼らと同じ感情に苦しみました。僕のところに相談に来る若者たちは、自分が何をすべきか、どこに向かえばいいのかが分からないまま、日々の生活に押し流されていきます。そして、多くの場合、周囲の期待に応えようとしながらも、自分自身を見失ってしまい「居場所がない」と思ってしまうのです。

このエッセイ集の各章で扱った内容は「元気を失った若者」「将来に不安を感じる若者」「目標を見失った若者」「苦しみの中で助けを求める若者」など、様々な悩みを持つ学生たちの声から生まれています。Q＆Aも、すべて実際に僕が学生たちと向き

【あとがき】


合ってきた現場での出来事です。

　時には感情がぶつかり合い、時には一緒に涙を流し、時には笑い合う事もありました。そうした瞬間が、僕にとっても大きな学びとなり、僕を成長させてくれました。彼らの悩みや葛藤に触れるたびに、僕自身もまた自分の過去と向き合い、答えを見つけ出す手助けをする事ができたのです。

　僕は、彼らが抱える問題の本質に触れ、その苦しみに寄り添いながら、共に考え、共に悩み、そして共に歩んできました。そんな僕だからこそ、ここで伝える言葉が、彼らにとって「生きる力がわくヒント」になると心から信じています。


　このエッセイ集を読んでいただけた皆さん！　どうですか？

　悩みを抱えていたあの頃の僕らと今の若者、同じでしょ。このエッセイを通して、彼らが自分の悩みをどう受け止め、どう乗り越えようとしているのか、その姿に触れていただきたかったのです。僕は、どんなに困難な状況にあっても、必ず解決の糸口は見つかると信じています。「居場所がない」と下を向く彼らですが、彼らは独りではないのです。周りには、必ず助けてくれる人がいます。時にはその存在に気づかない事もありますが、実際には誰かが見守ってくれているのです。

　僕は「君の居場所あるよ」と、そんな若者たちにこの言葉を伝え続けてきました。

彼らが抱える問題は複雑で、簡単なアドバイスなどで解決できるものではありません。皆さんの中には、もしかすると「居場所」を失った若者に寄り添ってあげたいけれど、どうしていいか分からないと思う方も多いのかもしれません。

そんな時はこの「エッセイ集」を「居場所」を失っている若者にそっと手渡してあげてください。この本は「プレゼントブック」です。そこに言葉はいりません。僕たち大人が若者に対して示す温かい眼差しや、耳を傾ける姿勢こそが、彼らにとっての「居場所」を作り出す一歩になると僕は思っています。このエッセイ集は、そんな思いから生まれたものです。

今後も僕はさらに多くの若者たちに「君の居場所はある」と伝え続けたいと思っています。このエッセイ集が、多くの方に読まれ、誰かの心に届き、「生きる力」を与えられる事を心から願っています。僕はこれからも学生たちと真摯に向き合い、彼らが抱える悩みや問題に耳を傾けていきます。そして、彼らが自分自身の本当の姿を見つけ、未来に希望を持って歩んでいけるよう、全力でサポートしていきます。

読者の皆さんにとっては、このエッセイ集が、ご自身や周囲の方々とのつながりについて、改めて考えるきっかけになる事を切に願っています。誰かが苦しんでいる時、どんなに小さな一言でも、その人にとっては大きな意味を持つ事があります。「居場

【あとがき】


所を作る」というのは、何か特別な事をする事ではありません。

例えば、この「エッセイ集」を手渡すだけでも「居場所」になれたりするんです。相手に寄り添い、温かい眼差しで見守る事が、もう、その方にとっての居場所になる行動なのだと僕は思っています。


最後に、このエッセイ集を完成させるにあたり、たくさんの方々の協力と支えがあった事を感謝いたします。まずは、日々、僕に相談を寄せてくれる学生たちに感謝します。彼らがいてこそ、僕はこのエッセイ集を書く事ができました。彼らの存在こそが、僕にとっての励みであり、希望です。

また、このエッセイ集を出版するにあたり、多大なるサポートをしてくれた出版社の皆様、そして編集者の皆様にも心から感謝申し上げます。皆さんのご協力がなければ、このエッセイ集は世に出る事はありませんでした。

そして、何よりも、この本を手に取ってくださった読者の皆さんに、心からの感謝を申し上げます。皆さんがこのエッセイ集を読み、共感し、そして考え、行動してくださる事が、僕にとって最大の喜びです。

このエッセイ集が、あなたの心に寄り添い、希望と勇気を与える一助となれば幸いです。どうか、このエッセイ集の言葉が、あなた自身や、あなたの周りの大切な方たちにとっての「生きる力」となりますように。

「大丈夫！　君の居場所あるから」――僕が伝え続けてきたこの言葉が、あなたの心に届く事を心から願っています。

平田　ひろのぶ

■大丈夫！君の居場所あるから■

＜目標：【素敵な未来が信じられる講演会】をする事＞

大学卒業後、25 年以上、大学職員として勤務。現在、名古屋市にある大学の「学生支援センター」で毎日、悩みを抱える大学生達の相談を受けている。「学生支援センター」には年間のべ 3000 件以上の相談が寄せられる。そこで「俺なんて生きている価値がない」「私にはどこにも居場所がない」と下を向く若者に多く出会う。そんな若者に「君は僕の宝物だ！」「大丈夫！僕が君の居場所になる」を伝え続けている。モットーは『人の可能性を信じて生きる』。

＜ユーチューバー（YouTuber）としても活躍中！
毎週メルマガも配信＞

多くの大学生と出会い「笑ったり」「泣いたり」「感動したり」「怒ったり」してきた経験から学んだ「アイディア」「考え方」「大切な想い出」などをエッセイにしてメルマガにて配信。作品数は 800 作を超える。また、それを YouTube チャンネル【プチ信の部屋】で自作エッセイ動画（5 分程）として紹介。現在「300 本」以上のエッセイを公開中！毎週土曜日は22時から「君の居場所になりたい」をテーマに【YouTube ライブ】も行う。

以下の「QR コード」、または「YouTube で【プチ信の部屋】と検索」！

【プロフィール】平田ひろのぶ

おとめ座A型
1972年9月生まれ（静岡県焼津市）
現在、私立大学「学生支援センター」に勤務（名古屋）

趣味：ジョギング／カラオケ／ライブ配信／お笑い鑑賞
2021年：第5回サムライ講演会「優秀賞」受賞
2022年：かんざんじフェス「チャリティーランナー」完走
2023年：第3回「全国出版オーディション」ファイナリスト
2024年：第二回万代宝書房大賞「大賞」受賞
他、高校生・PTA・教員対象の講演会など多数開催。

Q&Aエッセイ集
ひろのぶ先生が伝え続けている生きる力がわく話
～相談室に来てくれた50人の悩める学生たちへ～

2025年3月2日 第1刷発行
著　者　平田 ひろのぶ
発行者　釣部 人裕
発行所 万代宝書房
〒176-0002 東京都練馬区桜台 1-6-9-102
電話 080-3916-9383　FAX 03-6883-0791
ホームページ：https://bandaihoshobo.com
メール：info@bandaihoshobo.com
印刷・製本　日藤印刷株式会社

ISBN 978-4-911426-02 -9 C0036

装丁　小林 由香